Tamara Hinz • Katastrophenglück

W0222044

Tamara Hinz

Katastrophenglück

Krisen bewältigen – befreit leben

scm R.Brockhaus

Die verwendeten Bibelzitate entstammen, wenn nicht anders angegeben, der Lutherübersetzung von 1984.

RB*taschenbuch Bd. 734*

1. Taschenbuchauflage 2008

© 2006 R. Brockhaus Verlag
im SCM Verlag GmbH & Co. KG, Witten
Umschlag: Dietmar Reichert, Dormagen
Satz: Satz & Medien Wieser, Stolberg
Druck: Ebner & Spiegel, Ulm
ISBN 978-3-417-20734-7
Bestell-Nr. 220. 734

INHALT

Das Leben kann nur rückwärts verstanden,
muss aber vorwärts gelebt werden.

Sören Kierkegaard

Vorwort

Das war's dann wohl!

Vor ein paar Monaten musste ich mich einer Unterleibsoperation unterziehen. Nichts Besonderes, sondern das, was eine Frau in den mittleren Jahren nach mehreren Schwangerschaften und Jahren des Kleinkinderschleppens mitunter bei sich machen lassen muss. Ich wurde geliftet, gestrafft, vernäht und geflickt, dass es eine reine Freude war. Die Freude währte so lange, bis ich nach der Operation zum ersten Mal zur Toilette gehen sollte. Meine Blase hatte mir die ganze Aktion anscheinend irgendwie übel genommen, jedenfalls verweigerte sie mir schlichtweg ihre Dienste. Am Anfang fand ich das noch nicht so dramatisch, aber als die Situation sich nach ein paar Tagen immer noch nicht änderte und der Arzt mich mit sorgenvoll gerunzelter Stirn begutachtete und von einem Dauerkatheter sprach, dachte ich: »Das war's dann wohl. Ade, du schöne Welt. Fortan werde ich mit einem hübschen, kleinen Pinkelbeutel durchs Leben ziehen. Die Leute werden mich fragen, warum ich unter meinem schicken, taillierten Sommerkleid an einer sonst gänzlich beulenfreien Zone so einen unförmigen Knubbel habe und wenn ich in einer netten Kuschelstunde meinem Mann näher kommen möchte, wird ab jetzt immer dieses reizvolle Beutelchen zwischen uns sein.« In diesem Moment betrat der Arzt das Zimmer. »Na«, meinte er mit berufsbedingter Launigkeit, »waren wir denn heute schon auf Toilette?« »Blödmann«, dachte ich, »ob wir heute schon auf Toilette waren, weiß ich nicht. Ich jedenfalls

»Das war's dann wohl. Ade, du schöne Welt. Fortan werde ich mit einem hübschen, kleinen Pinkelbeutel durchs Leben ziehen.«

war schon. Und es kam nichts. Rein gar nichts. Nicht das kleinste Tröpfchen.« Als mir der Arzt daraufhin fröhlich mit dem Katheter vor der Nase herumwedelte, brach ich in Tränen aus. Der weiß Gewandete – sichtlich verunsichert durch diesen plötzlichen Ausbruch – verließ erst einmal, beschwichtigende Worte murmelnd, das Zimmer. Und ich saß da und heulte. Alles, was unten nicht heraus konnte, schien sich jetzt einen anderen Weg zu bahnen. Dabei spürte ich, dass es um mehr ging, als nur die Bewältigung der aktuellen Situation, vielmehr schwemmte diese eine Vielzahl verschütteter, aber deshalb nicht weniger massiver Gefühle an die Oberfläche. Es hatte etwas mit Verlassensein zu tun, mit Zurückgelassen werden, damit, mich auf der Schattenseite des Lebens wiederzufinden und es hatte etwas mit Jesus zu tun. Ihn hatte ich in den letzten Tagen immer wieder angebettelt, doch ein klitzekleines Wunder zu tun, nichts Besonderes, nur mal eben meine Blase wieder in Gang zu bringen – und nichts war geschehen. Bei meiner Bettnachbarin, ebenfalls eine Frau aus unserer Gemeinde, ging alles glatt (was bei einer objektiven Betrachtung ehrlicherweise gar nicht stimmte). Die hüpfte schon wieder fröhlich durchs Zimmer und war zu Recht guter Dinge. Aber ich, ich hatte mal wieder die A….- Karte gezogen. Anderen schien Jesus sich zuzuwenden, bei anderen schien das ganze christliche Zeugs zu funktionieren, nur bei mir nicht. Eine alte Wunde war wieder aufgerissen. Ich sah mich einsam und verlassen auf einem Bahnsteig stehen, von dem gerade ein Zug voller fröhlich winkender, strahlender Christen abfuhr – nur ich war nicht dabei. Und Jesus? Der war wahrscheinlich mitten drin in dem fröhlichen Getümmel – bei mir war er jedenfalls nicht.

Mit einiger Verzögerung hat Jesus dieses Wunder dann doch noch getan, jedenfalls sitze ich heute hier ohne irgendeinen beuligen Katheter an meiner Seite. Und diese Verzögerung war wahrscheinlich von Jesus kein Versehen, sondern beabsichtigt, liebevoll geplant und durchdacht. Denn in dieser Zeit ist mir klar geworden, wie sehr mein Leben, Denken, Fühlen und Handeln und meine Beziehung zu Jesus immer noch von früheren Verletzungen, traumatischen Erfahrungen und irregeleiteter Frömmigkeit geprägt und gesteuert sind. Es gab eine Zeit, in der ich dachte, das wäre nur bei mir so und ich wäre tatsächlich die Einzige, die allein am Bahnsteig stünde. Ein einsames, verlassenes, weinendes Kind. Heute weiß ich, dass neben mir hundert andere stehen, mit gleichem oder ähnlichem Gefühl. Und dass das Bild der fröhlich winkenden Christen oft nur ein Trugbild ist, was einer genauen, kritischen Betrachtung nicht standhält. Für alle die, die neben mir auf dem Bahnsteig stehen und sich manchmal genauso verlassen und einsam fühlen, die das Leben an der einen oder anderen Stelle übel zugerichtet hat, schreibe ich dieses Buch. Es ist an vielen Stellen meine eigene Geschichte, aber vielleicht finden Sie ja Parallelen. Die Stärke dieses Buches liegt nicht in seinen Lösungen (die weiß ich selber leider oft auch nicht), sondern darin, dass die eine oder andere sich verstanden und gut aufgehoben weiß. Und das allein ist – das weiß ich aus eigener Erfahrung - oft schon Balsam für unsere Seelen. Da, wo ich Wege beschritten habe, die mir geholfen haben, gebe ich sie Ihnen gerne weiter, aber bedenken Sie bei all dem, dass es *meine* Wege sind. Vielleicht sind die Wege, die Sie gehen sollen ähnlich, vielleicht ganz anders. Aber ich bin gewiss, dass Jesus Ihnen das klar machen wird, wenn Sie ihn danach fragen. Und noch etwas: alles, was ich aus meinem Leben beschreibe, entspringt meiner subjektiven Wahrnehmung. Allein meine Familiengeschichte würde sicherlich von allen meinen Geschwistern anders wiedergegeben werden und wenn es um mein Erleben in der Gemeinde geht, kämen wahrscheinlich hundert unterschiedliche Versionen zustande. So verschieden wir sind, so unterschiedlich sind auch unser Erleben und unsere Auswertung diverser Situationen. Reine Objektivität gibt es an dieser Stelle nicht. Das Eine oder das Andere mit »richtig« oder »falsch« zu etikettieren, ist sicher nicht hilfreich.

Das war's dann wohl…. Ich hoffe, dass Sie, wenn Sie dieses Buch lesen, diesen Satz nicht mehr ganz so überzeugt über Ihr Leben oder den Lebensabschnitt, in dem Sie sich augenblicklich befinden, stellen. Wenn Sie vielleicht auch nicht schaffen, ihn ganz aus Ihrem Herzen zu löschen, so gelingt es Ihnen vielleicht, ein Fragezeichen dahinter zu setzen. Das wäre doch schon was, oder?

Das Fundament

Wenn Sie das Gefühl haben, »Das war's dann wohl« ist ein passender Satz, um Ihr Leben zu beschreiben, zeigt das, dass Sie das Leben und vielleicht sogar sich selbst aufgegeben haben. Etwas ist bei Ihnen vorgefallen, das Sie tiefgehend entmutigt hat, irgendwo treten Sie schon so lang auf der Stelle, dass alle Hoffnungen wie weggeblasen sind, irgendein Problem oder Defizit tobt sich mit unausrottbarer Hartnäckigkeit in Ihrem Leben aus. Bei mir sind das weniger äußere Umstände, die mich manchmal schier verzweifeln und aufgeben lassen, als vielmehr Grenzen in mir, die scheinbar unüberwindlich und so hinderlich sind. Da würde ich mich so gerne in dieser oder jener Situation anders verhalten, würde mein Denken, Fühlen und Wollen so gerne einer Rundumerneuerung unterziehen und merke – es geht nicht.

Der Weg durch unseren Vorgarten ist mit einem äußerst unkrautfreundlichen Naturstein gepflastert. Unkrautfreundlich deswegen, weil sich in den Ritzen mit Vorliebe Gras, Löwenzahn und andere niedliche Gewächse ansiedeln. Nun bin ich absolut kein pedantischer Vorgärtner und erst recht kein Giftmischer, so dass sich manches Kräutlein bei mir prächtig entfalten kann. Aber wenn es mich dann doch mal überkommt und ich dieser grünen Prachtentfaltung ein Ende machen will, treibt mich besonders der Löwenzahn schier zur Verzweiflung. Mit einer Hartnäckigkeit, die ihresgleichen sucht, weigert er sich, dem heftigen Ziehen und Rupfen meiner zarten Hände nachzugeben, so dass ich ihm allenfalls ein paar seiner Blätter entreißen kann. Aber unterirdisch treibt er weiter sein Unwesen und spätestens nach zwei Tagen erblicken wieder neue Blätter das Licht der Welt.

Jedes Mal, wenn ich diesem Unkraut zu Leibe rücke, muss ich an mein Leben und an so manches scheinbar nicht auszurottende Pflänzchen in mir denken. Da rupft und reißt man, was das Zeug hält, nur um ein paar Tage oder Wochen später zu entdecken, dass die Angst, die Selbstsucht, die Depression, die Eifersucht, die negativen Gedanken, die schlechten Angewohnheiten und was wir sonst noch alles an Unkraut in unseren Herzen beherbergen, fröhlich grinsend wieder ihre Häupter erheben. Die Bibel spricht an dieser Stelle von einer bitteren Wurzel und jeder, der sich mit dieser mühsamen Gartenarbeit beschäftigt, findet diese Bezeichnung äußerst passend.

Warum wollen sich manche Eigenschaften trotz aller Mühe ums Verrecken nicht aus unserem Leben verabschieden?

Warum ist das so? Warum wollen sich manche Eigenschaften trotz aller Mühe ums Verrecken nicht aus unserem Leben verabschieden? Wir müssen für die Antwort tief graben, bis dahin, wo sich das Fundament unseres Lebenshauses befindet. Das Fundament, auf dem wir unser Verhalten, unsere Denkmuster, unsere Lebensüberzeugungen, unsere Gefühle und unsere Reaktionsmuster aufbauen, setzt sich vornehmlich aus dem zusammen, was wir in unserer Ursprungsfamilie erlebt haben, in unserer Persönlichkeitsstruktur vorfinden und welche geistliche Prägung wir als Christen mitbekommen haben. Sicher könnte man noch andere Dinge aufzählen, die unser Lebensfundament ausmachen, aber ich möchte mich an dieser Stelle bewusst auf diese drei Bereiche beschränken: die Ursprungsfamilie, die Persönlichkeitsstruktur und unsere geistliche Prägung. Letztere nehme ich mit hinein, weil ich immer wieder Christen treffe (und da schließe ich mich mit ein), bei denen das Fundament ihres geistlichen Lebens, ihre geistliche Prägung eben, schon erhebliche Risse und Baumängel aufweist. Sie haben in ihrem weiteren Christenleben aus diesem Grund immer wieder Probleme.

Doch beschäftigen wir uns zunächst einmal mit dem Ort, wo wir unsere ersten Erfahrungen in Sachen Liebe, Vertrauen und Nähe machen und wo unsere Vorstellungen vom Leben und wie es sich uns gegenüber verhält vornehmlich geprägt werden.

Unsere Ursprungsfamilie

Alles, was ich Ihnen nun von meiner Familie erzählen werde, mag sich für Sie vielleicht sehr widersprüchlich anhören und an manchen Stellen vielleicht auch unverständlich. Aber so ist das Leben nun einmal: selten nur schwarz oder nur weiß, sondern bunt durcheinander gewürfelt liegt das Schöne direkt neben dem Schrecklichen, glückliche Erinnerungen direkt neben traumatischen, an die wir am liebsten gar nicht rühren mögen, und das Erleben von Liebe und Geborgenheit direkt neben dem von Verlassensein und Ablehnung. Das macht die Sache nicht unbedingt einfacher, aber es hilft uns, die Dinge in unserer Vergangenheit nicht nur als »furchtbar« zu etikettieren oder sie andersherum nur zu verharmlosen und schön zu reden. Für die, die mich kennen sei noch gesagt, dass ich an dieser Stelle gewiss nicht alles erzählen werde. Manches berührt mich auch jetzt noch so stark, dass ich es nicht in Worte fassen kann, geschweige denn an die Öffentlichkeit bringen mag.

Meine Familie

Ich bin in einer Familie mit vier Kindern aufgewachsen und war von diesen das jüngste Mädchen. Ein süßes, kleines, blond gelocktes Nesthäkchen, das diese Rolle auch mit Begeisterung und Hingabe spielte, brachte sie doch unzählige Vorteile mit sich. Ein sanfter Augenaufschlag, kombiniert mit einem abgrundtiefen Seufzen, und schon setzte zumindest der männliche Teil der Familie alle Hebel in Bewegung, um meinem Ungemach ein Ende zu bereiten (mit viel Glück funktioniert das heute auch noch ...). Wenn meine jüngste Tochter auf diese Weise ihre Brüder auf Trab hält, muss ich immer still in mich hineingrinsen. Meine Eltern legten viel Wert auf eine kultivierte Erziehung und brachten uns unermüdlich gute Tischsitten, anständiges Benehmen und einen gepflegten Sprachgebrauch bei. (Ich war schon als Sechsjährige zielsicher im Gebrauch von Fremdworten und hätte Ihnen wie aus der Pistole geschossen sagen können, was eine Assoziation oder eine Differenz ist. Ich bin mir nicht sicher, ob meine eigenen Kinder überhaupt wissen, wie man das schreibt.) Man benutzte auch alltags gutes Geschirr und Töpfe kamen schon mal gar nicht auf den Tisch. Sonntags spielte man nicht auf der Straße und Kaugummikauen in der Öffentlichkeit war untersagt, denn das gehörte sich nicht. Bei uns wurde gespeist und nicht gegessen, das Essen war nicht fertig, sondern es war angerichtet, und meine Mutter war die Gattin und nicht die Ehefrau. Mein Vater hatte die Stellung eines angesehenen Professors an einer Universität inne, war darüber hinaus Ältester in unserer Gemeinde und ein gern gehörter Prediger. Meine Eltern legten viel Wert auf Kunst, Kultur und Musik und so lernten wir alle schon im zarten Vorschulalter ein Streichinstrument spielen und beglückten mit unserem gemeinsamen Musizieren Haus, Hof und Gemeinde. Zweimal im Jahr verbrachten wir unsere Ferien am Meer, von denen wir braun gebrannt und gut erholt wieder zurückkehrten. Darüber hinaus gab es noch etliche andere familiäre Highlights, denn meine Mutter hatte die Begabung, Atmosphäre zu schaffen, mit uns Kindern Feste stimmungsvoll zu feiern und wunderbare Rituale zu entwickeln, die mir bis heute in Erinnerung geblieben sind. Wir waren eine richtig heile Vorzeigefamilie, jedenfalls für diejenigen, deren Auge nicht geschult war und die sich von dieser Fassade blenden ließen.

Wir waren eine richtig heile Vorzeigefamilie, jedenfalls für diejenigen, deren Auge nicht geschult war und die sich von dieser Fassade blenden ließen.

Meine Mutter

Besonders meine Mutter war stets um die Aufrechterhaltung dieser Fassade und unseren guten Ruf bemüht. Sie hatte auch allen Grund dazu, denn sie hütete ein dunkles Geheimnis. Sie war nämlich alkohol- und zu einem späteren Zeitpunkt auch medikamentenabhängig. Damals war das noch viel weniger als heute denkbar, verband man doch mit dem Wort »Alkoholiker« einen in der Gosse liegenden Penner und nicht eine Frau aus der höheren Gesellschaftsschicht, die stets gut geschminkt und gestylt war, geschmackvoll gekleidet, verheiratet mit einem in Gesellschaft und Gemeinde gleichermaßen anerkannten Mann und umgeben von vier netten, wohlerzogenen Kindern. Meine Mutter war eine Edelalkoholikerin. Getrunken wurde nur Wein, der allerdings flaschenweise zu allen Tages- und Nachtzeiten, denn nur das untere Proletariat verkonsumierte Schnaps und Bier – bei uns gab es so etwas nicht. Meine Mutter war aufgewachsen in einer desolaten Familie, hatte den Krieg mit seiner ganzen Grausamkeit als Mädchen erlebt und nie vergessene, geschweige denn verarbeitete Erlebnisse und Bilder in Kopf und Herz gespeichert. Sie hatte eine Familie gegründet mit dem Ideal, eine heile Welt zu schaffen, in der sie selber genesen, all das Schreckliche vergessen und in der sie ihren Kindern das Heile und Gesunde geben konnte, das sie selber nie erlebt hatte. Aber es ist eine Gesetzmäßigkeit, dass wir unser Unheil, unsere Defizite und die Störungen in unserer Persönlichkeit mitnehmen und weitergeben, wenn sie nicht bewusst gemacht, verarbeitet und geheilt werden. Das war damals noch viel weniger denkbar als heute. Eine psychotherapeutische Behandlung nahmen eigentlich nur die Leute in Anspruch, die das Stadium der geistigen Umnachtung fast erreicht hatten und die mit einem Bein schon in der Klapsmühle standen. Für einen Christen war das darüber hinaus sowieso ein Tabu, denn wir hatten ja den Herrn Jesus, der allen Schaden gut macht. Was sollte man also mit so einem Teufelszeug wie einer

Therapie? Meine Mutter musste mit all ihren Verletzungen und traumatischen Erlebnissen mehr oder weniger allein fertig werden. Und so schuf sie sich ihre Methoden, um ihre Vergangenheit und ihre Defizite zu kompensieren. Sie hatte in ihrer Kindheit nie echte Liebe bekommen und hatte infolgedessen ein schwaches Selbstwertgefühl. Sie glaubte, eine »richtige« Familie könne diesen Mangel kompensieren, und setzte alles daran, eine solche Familie zu bekommen. Darüber hinaus brachte sie sich und uns bewusst in Situationen, in denen sie sich der Bewunderung anderer sicher sein konnte. Frei nach dem Motto: »Wenn schon nicht geliebt, dann doch wenigstens bewundert.« Meine Mutter war eine bildhübsche Frau und ließ keine Situation aus, sich den verzückten Blicken der Männerwelt zu stellen. Ihre Schönheit, unsere gehobene gesellschaftliche Stellung und der Wunsch, eine ganz besondere Familie zu haben, deren Kinder überall überdurchschnittlich hervorstachen, gaben ihr vorübergehend ein Gefühl, das dem echter Liebe und wirklichem Selbstwert täuschend ähnlich war. Aber irgendwann kann eine Frau ihren Wert nicht mehr aus Ihrem Äußeren ziehen und diesen Verfall spürte sie allzu deutlich. Sie merkte, dass sich darunter eine gähnende Leere auftat, die sie nie zu füllen gelernt hatte. Und je mehr sie spürte, dass auch unsere Familie ihre tiefen Lebenswunden nicht heilen und ihren Schmerz nicht lindern konnte, desto neurotischer und zwanghafter wurde sie und desto mehr verstrickte sie sich in Sucht und Abhängigkeit. Sie erhöhte den Druck auf uns, indem sie uns unermüdlich zu besonderen und überdurchschnittlichen Leistungen antrieb. Und immer mehr verglich sie sich und uns mit anderen in dem steten Bemühen, »oben« zu sein. Wir sollten immer die Besseren sein in der Schule, in der Wahl der Kleidung, im Benehmen und musikalischen Können. Kein Mensch kann aus einem solchen Wettkampf als Sieger hervorgehen, aber ein schlechteres

Entweder ich bin die Beste, oder ich bin gar nichts. Das war ihr Motto.

Abschneiden bei solchen Vergleichen konnte sie nicht ertragen. Entweder ich bin die Beste, oder ich bin gar nichts. Das war ihr Motto. Einen Mittelweg, wurzelnd in gesunder Selbstannahme, gab es für sie nicht. Sie versuchte mit Druck und Zwang die heile Familie aufrechtzuerhalten, die ihr zumindest vorübergehend das Gefühl der Leere genommen hatte, aber erntete damit bei uns Kindern, zumal als wir im Teenageralter waren, nur Widerstand, Ablehnung und Rebellion. Als sie spürte, dass sie auf der ganzen Linie trotz besseren Wollens und großer Vorsätze versagte, nahm die Sucht ihren Lauf. Am Anfang war das Glas Wein nur eine Hilfe zur Entspannung, verhalf zu einer etwas helleren Lebenswahrnehmung und verscheuchte die Gespenster der Vergangenheit; jetzt trank sie sich immer häufiger in die Besinnungslosigkeit. Oft, wenn ich aus der Schule nach Hause kam, fand ich sie sturzbetrunken in einer Ecke liegen. Jeden Mittag stellte ich mir die gleiche bange und ängstliche Frage: »Was wird mich heute erwarten?«

In dem Film »About a Boy« wird von einem Jungen erzählt, der genau diese Erfahrungen macht. Diesen Film anzusehen ist für mich eine Tortur, spült er doch meine ganzen Ängste von damals wieder hoch. Nach Hause zu kommen bedeutete für mich nicht, in ein warmes, kuscheliges Nest voller Wärme und Geborgenheit zurückzukehren, sondern es war zutiefst mit Gefühlen der Angst, Panik und Unsicherheit verbunden. Und Jesus? Meine Beziehung zu ihm war damals sehr ambivalent. Auf der einen Seite war er die Konstante in meinem Leben, die mir sonst so sehr fehlte. Er gab mir Halt wie ein Fels in einer gefährlichen Brandung. Er war für mich ein Freund, mit dem ich über alles reden konnte und vor dem ich nicht diese ganze Geheimniskrämerei aufrechterhalten musste. Und schon früh waren die tröstenden und ermutigenden Worte der Bibel, die sich ja besonders oft an die Menschen richten, die es im Leben schwer haben, Balsam für meine Seele. Sie gaben mir ganz tief in meinem Innern das Wissen, dass da jemand ist, der mich versteht, der mitleidet und in dessen Arme ich mich kuscheln kann. Einen kleinen Wermutstropfen enthielt die ganze Sache aber doch. Ich konnte nicht verstehen, warum Jesus diese schreckliche Krankheit nicht von meiner Mutter nahm.

Ich glaube, dass viele von uns solch eine Wunde in sich tragen, eine ganz tiefe Verletzung, weil es in ihrem Leben haarsträubende Situationen gab, in die Jesus aber trotz allen Betens und Anbettelns *nicht* eingegriffen hat. Je weiter dieses Ereignis zurückliegt und je jünger wir damals waren, desto tiefer ist diese Verletzung und desto größer sind das tief verwurzelte Misstrauen und die versteckte Wut, die von solchen nicht verheilten Wunden herrühren. Wir alle müssen mit Leiderfahrungen im Leben umgehen und klarkommen. Aber ein Erwachsener verfügt über eine Fülle von Erklärungsmodellen und Verarbeitungsstrategien, um mit diesen Dingen fertig zu werden (obwohl wir auch als Erwachsene manchmal lange an einer Sache zu knabbern haben oder manchmal sogar daran zerbrechen). Wenn wir mit Jesus leben, hat unser Glaube als Erwachsener schon so viel Substanz (hoffentlich!), dass wir auch in schweren Zeiten und Phasen des Nichtverstehens am Glauben und an Jesus festhalten können. Über diese Überlebenshilfen für die Seele verfügt ein Kind in der Regel noch nicht. Es hat noch ein magisches Weltverständnis und Glaubensmodell. Gott ist die gute Fee, der starke König, der edle Ritter und mächtige Zauberer in einem. Weil diesem Gott alles möglich ist, ist es doch selbstverständlich, dass er alle kniffligen Situationen, alles Schreckliche im Leben auflöst und zum Guten wendet. Und die Bibel ist zudem doch noch voll mit solchen Wunderstorys, oder? Also, bitte, lieber Gott, mach, dass

> Bitte, lieber Gott, mach, dass meine Mutter nicht mehr trinkt, dass meine Eltern sich nicht scheiden lassen, dass die Oma wieder gesund wird und nicht stirbt, dass mein Onkel nicht mehr zu mir kommt und mich so komisch anfasst.

meine Mutter nicht mehr trinkt, dass meine Eltern sich nicht scheiden lassen, dass die Oma wieder gesund wird und nicht stirbt, dass mein Onkel nicht mehr zu mir kommt und mich so komisch anfasst, dass ich in der Klasse nicht immer gehänselt und auf dem Nachhauseweg verprügelt werde, dass ich diese blöde Behinderung nicht mehr habe, wegen der mich alle so doof angucken und und und. Die Liste ließe sich beliebig fortführen. Nur leider ging diese Rechnung bei vielen von uns nicht auf. Gott hüllte sich in Schweigen, was unsere Seelen zutiefst verwirrte und verletzte. Für die einen hatte das zur Folge, dass sie sich gänzlich von Gott abwandten und nie wieder etwas mit diesem Scharlatan zu tun haben wollten. Für Leute wie mich, die schon früh ein Wissen und Empfinden davon hatten, dass es diesen Gott tatsächlich gibt und dass dieser Jesus real ist, kam es eigentlich nie in Frage, diesem Gott den Laufpass zu geben. Ich hätte schon ganz früh diesen Satz sprechen können: *»Herr, wohin sollen wir gehen? Du hast Worte des ewigen Lebens und wir haben geglaubt und erkannt: Du bist der Heilige Gottes.«* (Joh. 6,68f) Diese Erkenntnis ist seit ich denken kann in mir. Aber dennoch hatte sich daneben ein tief sitzendes Misstrauen gebildet, eine versteckte Wut auf diesen Jesus, der alle Möglichkeiten hatte, aber der es anscheinend vorzog, sich mit verschränkten Armen im Himmel herumzulümmeln. Und da ich tendenziell immer die Neigung hatte, die Schuld bei mir zu suchen, dachte ich auch in dieser Sache, dass Gott vielleicht seine Gründe hatte, so zu handeln bzw. nicht zu handeln: Ich vermutete, dass etwas an mir Gott zu der Meinung veranlasste, er müsse mich auf der Schattenseite des Lebens parken.

Bei meiner Mutter jedenfalls nahmen in dieser Zeit Depressionen und Angstzustände immer mehr zu und öfter sagte sie, dass es für sie keinen Sinn mehr mache zu leben. Leben lohnte sich für sie eben nur, wenn sie »oben« war, und da sich dieses »oben« in allen Lebensbereichen immer mehr mit einem »unten« vertauschte, ging sie immer häufiger in den Rückzug und übernahm eine zutiefst lebensverneinende Position. Nicht nach vorne gehen und Probleme in Angriff nehmen, nicht sich dem Leben stellen, sondern dicht machen und sich verweigern – das war ihr Verhaltensmuster. So fand ich sie eines Tages vollgepumpt mit Alkohol und Valium auf ihrem Bett liegend. Irgendwie schaffte ich es, meinen Vater und auch einen Krankenwagen zu erreichen. Dieses Mal konnte meiner Mutter noch das Leben gerettet werden, aber im Grunde war das nur eine Verzögerung. Innerhalb von ein paar Jahren trank sie sich zu Tode und starb mit Mitte vierzig an den Folgen eines permanenten Alkohol- und Tablettenkonsums.

Aber deine Mutter war doch Christ ...

An der Stelle werden mir eigentlich immer zwei Fragen gestellt. Erstens: »Aber deine Mutter war doch Christ, oder?« Und die andere: »Und dein Vater? Hat der die ganze Zeit geschwiegen? Hat er, habt ihr denn nichts unternommen?« Fangen wir mit dieser letzten Frage an, weil sie vielleicht leichter zu beantworten ist. Man sagt, dass ein Alkoholiker mindestens vier Menschen aus seinem direkten Umfeld krank macht. Diese Krankheit nennt man Co-Abhängigkeit. Es würde jetzt zu weit führen, dieses Krankheitsbild zu entfalten; jedenfalls waren mein Vater und wir alle Musterbeispiele für solch eine Co-Abhängigkeit. Was die Motive meines Vaters waren, weiß ich nicht, das ist seine eigene Geschichte, die er selber erzählen müsste. Was mich als Kind betraf, befielen mich schon sehr früh tiefe Scham- und Schuldgefühle. Schamgefühle, weil meine Mutter nicht so normal wie andere Mütter war. Auch ohne Alkoholkonsum war sie schon eine exzentrische Frau, die überall durch ihre eigenwillige, vornehme Kleidung auffiel und deren Verhalten man am besten mit »ein wenig überkandidelt« bezeichnen könnte. Tat dann noch der Alkohol seine Wirkung, fielen wir immer und überall auf und machten uns zum Gespött der Leute.

Dafür schämte ich mich abgrundtief, und wenn man sich schämt, fängt man an zu verheimlichen und zu vertuschen. Damals war ich ein Kind und konnte nicht differenzieren zwischen mir und meiner Mutter. Ich begriff nicht, dass *sie* vielleicht Grund hatte, sich zu schämen, aber dass dies eigentlich nicht mein Problem war und ich damit im Kern nichts zu tun hatte. Also spielte ich das Spiel der Heimlichtuereien und das Versteckspiel mit und es wurde für mich normal. Sonntags morgens fuhren wir in den Gottesdienst. Zu Hause hatte meine Mutter schon einige Gläser gekippt, um sich den Herausforderungen dieses Tages zu stellen, und auf dem Weg oder kurz bevor wir auf den Parkplatz des Gemeindehauses einbogen, genehmigte sie sich noch ein Gläschen. Dann zog sie mit einer galanten Geste ein Fläschchen Eau de Cologne aus ihrer Handtasche und gurgelte hingebungsvoll. Solcherart gestärkt hielten wir, eingehüllt in einen betörenden Duft, unter den wohlwollenden Blicken der Gemeinde Einzug in das Gemeindehaus. Konnte sie auf Grund des erhöhten Alkoholpegels nur noch in Schlangenlinien gehen, legte sie ihre Hand huldvoll und majestätisch zugleich auf den Arm meines Vaters, der unauffällig eine Kurskorrektur vornahm.

Schuldgefühle sind neben der Scham bei Kindern eine weitere Folge, wenn bei den Eltern irgendetwas nicht stimmt. Das ist bei Kindern aus Scheidungsfamilien nicht anders als bei Kindern aus Alkoholikerfamilien oder Opfern von Missbrauch. Irgendwann nistet sich in dem kleinen, kindlichen Gehirn der Gedanke ein, dass die Eltern sich doch vertragen würden, die Mutter, der Vater das Trinken aufgeben würde, der Onkel nicht immer so anzüglich reden würde, wenn das Kind sich nur in irgendeiner Weise anders verhalten würde oder besser noch,

Schuldgefühle sind neben der Scham bei Kindern eine weitere Folge, wenn bei den Eltern irgendetwas nicht stimmt. Das ist bei Kindern aus Scheidungsfamilien nicht anders als bei Kindern aus Alkoholikerfamilien.

wenn es gar nicht auf der Welt wäre. Sich anstrengen bis zum Umfallen, noch mehr geben, sich noch mehr investieren und möglichst wenig für sich selbst fordern, um das Unglück vielleicht abwenden zu können und doch noch ein Happy End zu schaffen – solch ein Verhalten wird bei diesen Kindern zum eingefleischten Lebensmuster. Meine Mutter hat z. B. immer gesagt, dass sie gerne Musik studiert hätte und arbeiten gehen würde, aber wegen uns sei das ja nicht möglich und sie müsse den ganzen Tag total einsam zu Hause hocken. Sie gab damit uns Kindern die Schuld für ihre verfahrene Lebenssituation und wir zogen uns diesen Schuh an, weil wir es nicht besser wussten. Heute kann ich das, was sie gesagt hat, einordnen, ist es doch die typische Denkweise eines Alkoholikers, immer anderen die Schuld für die eigene Misere zu geben.

Früher konnte ich nicht differenzieren und so nistete sich bei mir das Gefühl ein, an irgendwelchen Missständen immer und an dem Zustand meiner Mutter sowieso Schuld zu sein. Wenn man sich schuldig fühlt, schweigt man. Vielleicht mag Ihnen das als Erklärung dafür reichen, dass wir alle das Verhalten meiner Mutter deckten und weiterhin nach außen das Spiel der heilen Familie mitspielten.

Die andere Frage, wie meine Mutter denn so als Christ und Glied einer Gemeinde leben konnte, ist schon schwieriger zu beantworten. Dass man so in der Gemeinde leben kann, ist meiner Meinung nach aber durchaus nachvollziehbar. Zurzeit bin ich in einer Gemeinde, in der über Schwierigkeiten und Defizite sehr offen geredet werden kann, ohne dass man sich untereinander verurteilt. Hier habe ich das Gefühl, auch schwach sein zu dürfen und darin von meinen Geschwistern getragen zu werden. Aber ich war auch in Gemeinden, in denen jeder sein eigenes Süppchen kochte und den anderen nur sehr dürftig an seinem Leben Anteil gab. Oder wo man so superfromm war, dass es einem völlig abwegig vorkam, in dieser erlauchten

Gemeinschaft die eigene Sündhaftigkeit zu outen. Obwohl ich der Überzeugung bin, dass jeder seine Leiche im Keller hat, tat man dort so, als sei man der Frömmsten und Heiligsten einer und spielte sich gegenseitig ein perfektes Schauspiel vor. In solch einem Klima der Heimlichtuerei kann man sehr gut über Jahre hinweg seine Laster und Lieblingssünden kultivieren. Und wie man als Christ so leben kann? Das kann ich Ihnen auch nicht sagen. Ich weiß nur, dass ich tagein, tagaus nur von der Gnade Gottes lebe und davon, dass er mir meine Sünden nicht zurechnet. Jeden Tag falle ich und jeden Tag darf ich wieder aufstehen, weil Jesus mir wieder auf die Beine hilft und wieder neu mit mir durchstartet. Gilt das für Menschen wie meine Mutter nicht? Gibt es ein Maß an Sünde, das das Fass zum Überlaufen bringt? Ich glaube, dass Jesus jetzt diesen von Angst, Depressionen und Süchten gebeutelten Menschen in seinen Armen hält, zärtlich hin- und herwiegt und den Teufel mit seinen Attacken ein für alle Mal in seine Schranken weist. Sie mögen da zu einem anderen Schluss kommen – aber das ist Ihnen auch freigestellt.

Es gäbe sicher noch eine Menge mehr zu erzählen, aber das würde an sich schon ein Buch füllen. Was ich über meine Familie erzählt habe, reicht vielleicht, um deutlich zu machen, dass ich schon als Kind vom Leben ein Bild zeichnete, das eher dunkel war. Alle anderen Kinder und Teens um mich herum schienen normal, fröhlich und sorgenfrei durchs Leben zu schreiten, nur ich war belastet mit Schuld, Scham und Ängsten, über die ich nicht sprechen konnte und durfte, waren die Gründe dafür doch ein streng gehütetes Familiengeheimnis.

Aktiv werden

Dass ich die Tür meiner Vergangenheit einen Spalt breit geöffnet und Ihnen gestattet habe, in den dahinter liegenden Raum zu blicken, mag für Sie eine Ermutigung sein, Ihr eigenes Lebenshaus auf der Suche nach Ihrem familiären Fundament zu durchschreiten.

Hatten Sie eine schöne Kindheit? Waren Sie ein geliebtes oder eher ein abgelehntes Kind, das dem Rest der Familie nur im Weg war? Haben Sie Zärtlichkeiten genossen oder waren Sie roher Gewalt ausgesetzt? Erlebten Sie Geborgenheit oder dominierten Ängste und Unsicherheiten in dieser Lebensphase? Wurden Ihnen Aufmerksamkeit und Interesse entgegengebracht oder waren Sie Opfer von Desinteresse oder gar Vernachlässigung? So wie bei mir gibt es da sicher manch Fröhliches und Wertvolles zu sehen. Helle Räume, mit pastellenen Farben und lustigen Mustern, versehen mit bunt bedruckten Gardinen vor den Fenstern. Aber es wird sicher auch die düsteren, bis dato vielleicht sogar abgeschlossenen Zimmer geben, mit abgedeckten Möbeln und spinnwebenverhangenen Fenstern. Wenn Sie wollen, dass diese Räume ihre Bedrohung für Sie verlieren, gibt es wahrscheinlich nur die eine Möglichkeit: sich mit ihrem Vorhandensein und ihrem Zustand auseinander zu setzen. Vielleicht gehen Sie einfach nur mal häufiger an diesem Zimmer vorbei oder schließen es schon mal auf, für den Fall, dass Sie es tatsächlich einmal betreten wollen. Später sind sie dann vielleicht so mutig und gehen hinein, lupfen hier mal einen Schonbezug, räumen da mal eine Schublade aus und putzen dort mal ein Fenster. Trauen Sie sich nicht alleine dort hinein, weil das Chaos allzu groß und das Möbelrücken für einen allein zu schwer ist, dann nehmen Sie sich jemanden wie einen Seelsorger oder Therapeuten mit, der sich mit solchen Entrümpelungsarbeiten auskennt. Also, mich hätten keine zehn Pferde alleine in diesen Raum gebracht!

Nach und nach wird es in diesem Zimmer dann sauberer, ordentlicher und heller werden. Sicher, wie in einem völlig neuen Zimmer wird's hier vielleicht nie aussehen. Dazu hat der alte Dielenboden zu viele Kratzer und Schrammen und die Wände verlieren durch einen Neuanstrich auch nicht ihre Unbenheiten. Aber irgendwann werden Sie merken: Damit kann ichleben. Das gehört dazu. Nach getaner Arbeit, die sich über Monate, vielleicht sogar über Jahre hinziehen kann, werden Sie eines Tages die Werkzeuge und Pinsel beiseite räumen, auf den Boden sinken, die Beine von sich strecken, sich umsehen und denken: »Donnerwetter. Gute Arbeit. Der Raum kann sich sehen lassen.«

Die geistliche Prägung

Bevor ich Ihnen von meiner geistlichen Prägung erzähle, möchte ich Ihnen sagen, dass ich meine Gemeinde nach Gott, meinem Ehemann und meinen Kindern über alles liebe. Ich mag sie mir keinen Moment aus meinem Leben wegdenken und bin durch die Menschen, die ihr angehören, an vielen Stellen meines Lebens unendlich reich beschenkt worden. Ich sage das, weil Sie sonst aus dem, was ich nun schreibe, die falschen Schlüsse ziehen könnten und vielleicht meinen, ich hätte in der Gemeinde nur Negatives erlebt. Ich möchte hier ausdrücklich betonen, dass dies nicht der Fall ist. Mit meiner vielleicht etwas einseitigen und pointierten Schilderung möchte ich eine bestimmte Problematik in den Blick nehmen, die andernfalls vielleicht nicht deutlich genug herauskommen würde.

Meine ersten Gemeindeerfahrungen

Meine geistliche Prägung setzt sich aus dem Erleben in meiner Familie und dem in verschiedenen Gemeinden und Gemeinschaften zusammen. Seit ich aufrecht sitzen und mich halbwegs anständig benehmen kann, wohne ich dem Gottesdienst in einer Gemeinde bei. Anfangs war es eine mit baptistischer und »brüderlicher« Prägung. Hier folgte dem »normalen« Predigtgottesdienst noch die Stunde des Brotbrechens.

Der Predigtgottesdienst hatte seinen Schwerpunkt in der Verkündigung. Außerdem gab es einige gemeinsame Lieder, eine Gebetsgemeinschaft, eine Schriftlesung und zwei Lieder des Chores. Ganz anders die Abendmahlsstunde, auch Brotbrechen genannt. Hier gab es kein starres Raster und auch keine fest gefügte Abfolge verschiedener Programmpunkte. Ganz nach biblischem Vorbild konnte jeder in diese Zeit etwas mit einbringen. Wann wer etwas sagte, betete oder ein Lied anstimmte, wann das Abendmahl gefeiert wurde war nicht im Voraus geplant. Die Leitung oblag – so war es zumindest gedacht – dem Heiligen Geist und die Beiträge fügten sich aus dem zusammen, was er dem Einzelnen eingab. Eigentlich eine optimale Vorraussetzung, dass der Geist Gottes innige Anbetung und tiefe Begegnungen mit Jesus wirken konnte. Die, welche diese Tradition kennen, werden mir aber zustimmen, dass auch das Abendmahl zunehmend »ritualisiert« und organisiert zuging und dass es sehr wohl ein festes Schema und (ungeschriebene) Gesetze gab, wann welcher Bruder einen Beitrag leistete. Echte Freiheit haben zumindest wir jüngeren Leute nicht gespürt, zumal das ganze einen etwas altertümlichen Stil hatte, der beileibe nicht geändert werden durfte. Ich sage das ohne Vorwurf, weiß ich doch selber, wie schnell sich auch in meinem geistlichen Leben eine bestimmte Form durchsetzt, die starr und unbeweglich ist und somit jeder Spontaneität und Kreativität den Garaus macht.

Während der Predigtgottesdienst stattfand, durchlief ich alle nur denkbaren Stadien der Sonntagsschule. Fröhlich schmetterten wir, begleitet von einem asthmatisch keuchenden Harmonium, Lieder von dem goldnen Wanderstab und der Sonntagsschul`, die unsere Lust ist. Es war die Rede von grünen Auen, güldenen Sonnen und einem Bösen, der im Gewand eines brüllenden Löwen die armen Schäflein, die von der Herde abgeirrt waren, zu verschlingen suchte. Wiewohl ich von diesem Text nicht allzu viel verstand, weil er auch in damaliger Zeit schon etwas altertümlich war, regte er doch meine Phantasie zu ungeahnten Höhenflügen an. Ich stellte mir das arme Lämmchen vor, wie es verfolgt von dem zähnefletschenden Löwen über die grünen Auen unter der güldenen Sonne hetzte. Ob die Geschichte gut ausging, hing davon ab, ob das Schäflein sich noch rechtzeitig in die ausgebreiteten Arme des Herrn Jesus retten konnte. Die Sonntagsschulonkel (so hießen die werten Herren damals) erzählten dramatische und blutige Geschichten aus der Bibel, die mit nicht weniger dramatischen Geschichten aus dem Krieg ergänzt wurden. Später saß ich dann mit baumelnden Beinen neben meiner Mutter beim »Brotbrechen«. Ziemlich viel beklemmende Stille und Düsternis kennzeichnete diese sich schier endlos ausdehnen wollende Stunde. Ich zählte die kleinen Fensterchen in unserem Gemeindehaus, addierte und multiplizierte, dass es eine wahre Wonne war und ich am Montagmorgen in der Rechenstunde durch solch intensives Üben zu meiner Hochform auflief. Gedankenverloren beobachtete ich die dunkel gekleideten Männer, die sich rund um den Abendmahlstisch gruppiert hatten und mit ernster Miene das Brot brachen. Einen fand ich besonders interessant. Wenn er betete, tat er das so wortgewaltig und mit so viel Pathos, dass es faszinierend anzuschauen war, vor allem, weil er dabei fast immer in Tränen ausbrach und sich dann händeringend um seine Fassung mühte. Dabei wurde die eigene Verderbtheit und Sündhaftigkeit betont und die Dankbarkeit darüber zum Ausdruck gebracht, dass sich jemand über so viel geballte Schlechtigkeit erbarmte. Doch ja, da konnte ich mich gut einreihen, damit konnte ich gefühlsmäßig etwas anfangen, waren Schuld- und Schamgefühle mir doch sehr vertraut. Dieser Jemand hatte für diese Rettungsaktion einen qualvollen Tod erlitten (an dieser Stelle wurde mit blutrünstigen und detaillierten Beschreibungen des Geschehens nicht gespart), was aber beileibe kein Grund zum Jubeln war, sondern meine Scham- und Schuldgefühle nur noch verstärkte. Natürlich hörte ich auch irgendwann die Aussage, ich sei so wertvoll und so sehr von Gott geliebt, dass er seinen Sohn für mich gab. Aber ich – und das blieb unterm Strich bei mir hängen – war eben eigentlich doch nur ein kleines, mieses Etwas, das gnädigerweise von Gott aufgegabelt worden war. An mir – so verstand ich es – war rein gar nichts Liebenswertes, denn ich war durch und durch ein Sünder. Alles Liebenswerte an mir war eigentlich nur Jesus zuzuschreiben. Weil es keinen Grund zum Jubeln gab und die Trauer in dieser Stunde dominierte, wurde auch a cappella gesungen, denn Orgeltöne waren der Situation nicht angemessen und hätten womöglich unpassende Wonnegefühle ausgelöst. Kein Wunder also, dass ich froh war, wenn diese Stunde vorbei war und ich diesen heiligen Hallen endlich entfliehen konnte. Wenn ich das hier so mit spitzer Feder schreibe, weiß ich sehr wohl, dass ich mich auf theologischem Glatteis bewege. Denn was damals gesagt und vermittelt wurde, war ja nicht verkehrt, und es mag sogar so sein, dass wir heute Gefahr laufen, auf der anderen Seite vom Pferd herunterzufallen. Aber es war nur ein Teilaspekt und das Gegengewicht fehlte. Es roch nach Tod und Verwesung.

Wo waren das leidenschaftliche Leben, die intensive Freude, die zärtliche Liebe, das erlöste Lachen und der Tanz wegen der geschenkten Freiheit?

Wo waren das leidenschaftliche Leben, die intensive Freude, die zärtliche Liebe, das erlöste Lachen und der Tanz wegen der geschenkten Freiheit? Vielleicht war all das ja da, nur bei mir kam es nicht an, und hängen blieb in Herz und Verstand nur das Wissen um die eigene Schlechtigkeit. Vertieft wurde dieses Empfinden noch dadurch, dass ein Schwerpunkt der Verkündigung das »Leben in der Heiligung« war. Als Abgrenzung von einer Kirchenfrömmigkeit, die angeblich aus einem reinen Fürwahrhalten theologischer Fakten bestand, der aber die Umsetzung und das Ausleben im Alltag fehlten, zeichnete sich der eher pietistisch geprägte Frömmigkeitsstil durch ein »das ist ja alles schön und gut, aber du musst auch entsprechend leben«

aus. Unverdiente Gnade? Ja, aber ... Gottes Liebe einfach nur bewegungslos genießen? Reicht nicht. Es müssen Taten folgen. Auch hier weiß ich um die Richtigkeit dieser Aussagen, aber auch um ihre Gefährlichkeit, wenn sie denn einseitig gepredigt oder verstanden werden. Gefährlich sind sie deswegen, weil sich mit ihnen ruck, zuck eine leistungsorientierte und gesetzliche Frömmigkeit niederlässt und damit immenser Druck ausgeübt wird.

Unter diesem Druck litt ich schon früh und unter meinem Versagen noch viel mehr. Denn ich schaffte es oftmals nicht, so zu leben, wie es dem Herrn Jesus gefiel, und mein Versagen und die daraus resultierenden Schuldgefühle quälten mich sehr. Nicht die Gnade stand im Vordergrund, sondern mein Versagen.

Ob es nun tatsächlich so vermittelt wurde oder ob ich mir das in meinem damals schon recht angeschlagenen Denken und Fühlen selbst so zurecht gebastelt habe, vermag ich heute nicht mehr objektiv zu beurteilen. Wagte man trotz dieser Art der Verkündigung immer noch, aufrecht und selbstbewusst durchs Leben zu gehen, kam man spätestens an dem Punkt ins Wanken, an dem von dem »Ich« auf dem Thron des Lebens die Rede war. Als Christ habe dieses »Ich« dort nichts zu suchen, denn es sei eigensüchtig, selbstherrlich und von sündhaften Absichten durchsetzt. Ich als Person hatte nichts mehr zu wollen (getreu nach dem Motto: »Kinder, die was wollen, kriegen eins auf die Bollen«), meine Bedürfnisse waren abgeschrieben, denn dabei ging es ja wieder um *mich* und das durfte nicht sein, nahm es doch dem lieben Herrn Jesus den Platz und die Ehre weg, die ihm allein gebührt. Jeder Stolz auf eigene Leistung war verdächtig. Bloß nicht hochmütig werden! Bloß nicht sich selbst ins Rampenlicht stellen oder gar der eigenen Leistung applaudieren – als Frau schon gar nicht. Aber wer mag denn solch einem Herrn dienen, der die Leistung seines Dieners stets auf die eigene Rechnung schreibt und diesen mit einem »Bilde dir bloß nichts ein« wegschickt? Wenn er auf dem Thron saß, bedeutete das zugleich auch, dass man die eigenen Bedürfnisse stets hintenanstellte und immer den anderen und ihren Bedürfnissen den Vorrang gab, denn das schien er doch zu wollen, oder? Von diesem Machtwechsel an zählte man selber nicht mehr.

Ich weiß noch, wie ich den damals recht neuen Song von Queen »We are the champions« voller Inbrunst mitgrölte. Meine Mutter meinte daraufhin, dies sei für Christen kein angemessenes Lied. Wir als Christen sollten uns voll Demut unserer Stellung bewusst sein und die sei wahrhaftig nicht die eines Champions. Das hatte man mir bis dato schon hinreichend klar gemacht, aber als ich dieses Lied lauthals mitsang, wollte ich auch nur für einen ganz kurzen Moment einmal spüren, wie es ist, wenn man sich einfach nur gut fühlt und auf der Siegerseite des Lebens steht. Dass ich mit Jesus sowieso und schon längst auf der Siegerseite stand, hatte mir bislang keiner gesagt. Dass ich wertvoll, begabt und wundervoll gemacht war, war irgendwie untergegangen, und dass ich allen Grund hatte, stolz und mit hoch erhobenem Kopf durchs Leben zu gehen, weil Jesus mich in den wunderbaren Stand eines Gotteskindes versetzt hatte, war unterschlagen worden. Übrig blieb ein Gefühl von Ungenügendsein, Wertlosigkeit und Versagen. Ich glaube, ein Problem war, dass mich diese ganzen Botschaften als ein in der Entwicklung befindliches Kind trafen. Als Erwachsener kann man vom Intellekt her differenzieren, man kann aussieben, welche Aussagen man für sich in Anspruch nehmen will und welche nicht. Darüber hinaus berücksichtigt man die Person, von der diese Botschaften kommen und sortiert das Gesagte dementsprechend ein. Als Kind besitzt man diese Fähigkeit noch nicht, und alle Botschaften fallen gleichermaßen ungefiltert in die kindliche Seele und richten dort mitunter

Wir als Christen sollten uns voll Demut unserer Stellung bewusst sein und die sei wahrhaftig nicht die eines Champions.

großes Unheil an. Mag das, was ich gehört habe, für manch einen Erwachsenen relevant gewesen sein und wäre es auch heute noch – für mich als Kind war es Gift. Wie soll sich ein Kind, das von Eltern und Gemeinde mit solchen Aussagen gefüttert wird, gesund entwickeln? Wie soll es ein positives Selbstbild und Wertschätzung seiner Person hervorbringen, wenn es sich ständig für die eigene Schlechtigkeit schämen muss?

Später, als ich älter war, orientierte ich mich mehr in die Richtung charismatischer Gemeinden. Hier erlebte ich die Lebendigkeit, Freiheit und Freude, die ich in den eher traditionell geprägten Gemeinden so vermisst hatte. Hier standen nicht meine Schlechtigkeit und mein Versagen im Vordergrund, sondern der Jubel über die Rettungstat von Jesus und die Freude darüber, an der Seite des Siegers zu leben. Aber auch hier verinnerlichte ich etwas, was ich später nur mit Mühe wieder loswurde. Wenn ich mich in diesen Kreisen in die Seelsorge begab – etwa auf Tagungen oder Konferenzen – wurde ich »bebetet«. Im vorangegangenen Gespräch wurde alles auf einen sehr einfachen Nenner zusammengestrichen. Da war Sünde – also musste vergeben werden. Da schienen Bindungen zu bestehen – also musste gelöst werden. Im Gebet wurde dann mehr oder weniger wortgewaltig Vergebung ausgesprochen, gelöst und gesegnet. Anschließend wurde einem zu verstehen gegeben, dass nun die große Wende eingeleitet sei, denn schließlich hatte man ja mit den richtigen Worten alles »weggebetet« – blieb nur noch zu sagen, dass man das Ganze jetzt auch im Glauben annehmen müsse. Das ist sicher etwas schwarz-weiß dargestellt. Natürlich gibt es in charismatischen Gruppen – die ich immer noch sehr schätze – gute und von Gott begabte Seelsorger. Und ich will auch nicht sagen, dass all die Dinge, die damals mit mir geschahen, samt und sonders nichts taugten. Gott hat auch dadurch in meinem Leben gehandelt. Dennoch hat meine Erinnerung an dieser Stelle einen bitteren Beigeschmack. Denn kaum einer hat mir gesagt, dass unangenehme Gefühle wie Leid, Trauer, Schmerz und Angst zu unserem Menschsein dazugehören und dass man sie nicht einfach nur »wegmachen« oder »wegbeten« kann. Dass ich auch als Christ manchmal diese Tiefen durchleben muss und dass es nicht immer einfach nur meine Schuld ist, wenn manche Dinge trotz allen Betens noch bei mir zu finden sind. Dass Gottes Anliegen für unser Leben nicht in erster Linie das Ausmerzen aller schmerzhaften Gefühle ist. Dass Heilung, Veränderung und Erneuerung oft Prozesse sind, die einen langen Weg mit Fortschritten und Rückschritten, mit Hinfallen und Aufstehen beinhalten und dass wir auf diesem Wege zu starken und reifen Menschen heranwachsen können. All das war mir nicht klar gewesen und ich blieb oft mit dem dumpfen Gefühl zurück, bei mir sei etwas fürchterlich falsch gelaufen.

In dem Treibhausklima einer Tagung oder Konferenz fühlte ich mich tatsächlich erst einmal besser, aber alltagstauglich war dieses Empfinden zumeist nicht. Schon nach ein paar Tagen stellten sich die alten Gedanken, Gefühle und Verhaltensweisen wieder ein. Ich musste wohl ein besonders hoffnungsloser Fall sein, wenn all diese Gebete bei mir nicht halfen – so dachte ich. So blieb ich auch an dieser Stelle wieder mit einem Wust an Scham- und Schuldgefühlen zurück.

Jetzt mag manch einer denken: »Wie kommt es denn, dass sie sich nach diesen Erlebnissen nicht völlig frustriert vom Glauben und von der Gemeinde abgewandt hat?« Wie gesagt, ich habe hier ja bewusst manches fast ausschließlich von der negativen Seite her skizziert, wiewohl es durchaus auch vieles Positive zu berichten gäbe. Aber mehr noch hat mich schon immer eine ganz große Gewissheit getragen, dass die ganze Sache mit dem christlichen Glauben zutiefst richtig ist. Seit ich klar denken kann, weiß ich Jesus an meiner Seite, rechne mit ihm, rede mit ihm und habe trotz allem ein tiefes, fest verankertes

Vertrauen zu ihm. Jesus selbst hat da wohl das eine oder andere Tau noch einmal besonders festgezurrt.

Irgendwann hat es bei mir gedämmert, dass die manchmal arg verzerrten Stimmen aus meiner Kindheit nicht unbedingt identisch mit dem sind, was Jesus mir sagen wollte und heute noch sagen will. Ich habe versucht, meine geistliche Brille zu putzen und bemühe mich heute, auf die Bibel und das, was Gott mir sagen will, zu hören, ohne dass mir die Stimmen aus der Vergangenheit ständig dazwischenquasseln. Das gelingt mal mehr und mal weniger. Im Laufe meines Lebens ist eine tiefe Liebe zu Jesus und eine riesengroße Achtung vor ihm gewachsen, weil er in jeder Beziehung vollkommen ist, was man von Menschen nicht gerade behaupten kann. Aber in gleicher Weise ist auch meine Liebe und meine Wertschätzung den Menschen gegenüber gewachsen, die sich zu seinen Jüngern zählen. Er liebt sie genau wie mich und ihr Versuch ihm nachzufolgen und die Dinge »richtig« zu machen, nimmt bisweilen kuriose Formen an. Darin unterscheiden sie sich von mir in keinster Weise. Deswegen kann ich heute über vieles lachen und es liebevoll karikieren, ohne noch gegen irgendjemanden Groll zu hegen. Da, wo mir auch heute noch ein bestimmter Frömmigkeitsstil nicht zuträglich ist und ich merke, dass da alte, nicht unbedingt harmonische Saiten in mir wieder zum Klingen kommen, nehme ich mir die Freiheit, mich zu entfernen oder deutlich Flagge zu zeigen und mich klar abzugrenzen.

Irgendwann hat es bei mir gedämmert, dass die manchmal arg verzerrten Stimmen aus meiner Kindheit nicht unbedingt identisch mit dem sind, was Jesus mir sagen wollte und heute noch sagen will.

Schauen Sie sich Ihre geistliche Biographie an und überlegen Sie, welche von den Dingen, die Ihnen mit auf den Weg gegeben wurden, Sie weiter begleiten sollen und von welchen Sie sich verabschieden möchten. Dabei geht es nicht darum, nur das zu behalten, was Ihnen gut schmeckt, Ihnen ganz gut in den Kram passt und was sich angenehm anfühlt. Wir selbst sind uns dabei nicht immer die besten Berater. So manch einer hat sich auf diese Weise ein Gottesbild und einen ganz privaten Glauben zusammen geschustert, der mit dem Ursprünglichen und dem, was in der Bibel steht, nicht mehr viel zu tun hat. Unser Empfinden, unser Wohlfühlen kann da – auch wenn das heute ansonsten üblich ist – nicht der letzte Maßstab sein. Sprechen Sie mit Menschen, bei denen sie spüren, dass sie eine lebendige und gereifte Beziehung zu Jesus haben, und lesen Sie vor allem in der Bibel. Ich bin der Überzeugung, dass das Wort Gottes auch heute noch lebendig und in Verbindung mit dem Heiligen Geist in der Lage ist, unsere Mauern und festzementierten Gedanken und Gefühle zu durchbrechen und etwas von dem lebendigen Gott zu offenbaren. Und ich bin der Überzeugung, dass der Heilige Geist in der Lage ist, auch in die Tiefen unserer Persönlichkeit vorzudringen, dort wo die Zerrbilder ihre Fratzen schneiden, um sie von dort zu vertreiben. In diesem Sinne: Frohes Schaffen!

Unsere Persönlichkeitsstruktur

Neben unserer Familiengeschichte und unserer geistlichen Prägung ist die in uns angelegte Persönlichkeitsstruktur maßgeblich dafür verantwortlich, wie wir Dinge erleben und auswerten. Natürlich wird unsere Persönlichkeit auch durch die Dinge, die wir erleben, geformt, aber ich glaube dennoch, dass jeder von uns ein grundsätzliches »Strickmuster« in sich hat, das genetisch verankert ist. Inzwischen gibt es unzählige Typologien, die versuchen, die Menschen in verschiedene Typen und Temperamente zu fassen. Am bekanntesten und ältesten ist wohl die des Arztes Hippokrates, der vom Sanguiniker, Melancholiker, Phlegmatiker und Choleriker spricht. Darum soll es aber hier nicht gehen. Mich beschäftigt mehr die Frage, ob es eine Persönlichkeit gibt, die es schwerer hat, mit Fehlschlägen oder schweren Zeiten im Leben umzugehen und diese zu verarbeiten. Weisen die Menschen, die an irgendeinem Punkt zu einem »Das war's dann wohl« kommen, die an Dingen in ihrem Leben, an tiefsitzenden Fehlhaltungen leiden, ja manchmal sogar daran verzweifeln, weisen diese Menschen Ähnlichkeiten in ihrer Grundstruktur auf?

Ich bin der Ansicht, dass das im Großen und Ganzen so ist, auch wenn ich daraus keine Gesetzmäßigkeit machen würde und ich hier auch keine abschließende und allumfassende Auflistung machen kann.

Die Sensible

All diesen Menschen ist eine große Sensibilität gemeinsam. Dickhäuter haben weniger Probleme, das können Sie mir glauben. Sie ecken vielleicht öfter mal bei ihren Mitmenschen an, aber das bereitet ihnen keine schlaflosen Nächte, geschweige denn, dass sie sich selbst die Schuld dafür geben. Ganz anders geht es Menschen, die mit einem großen Einfühlungsvermögen gesegnet sind. Denn zunächst einmal ist diese Eigenschaft ein Segen und eine Begabung. Sensible Menschen können sich gut in andere hineinfühlen und sind zudem in der Lage, feine Schwingungen zu erfassen, die andere oft gar nicht wahrnehmen. Das Erfassen solcher Schwingungen kann sich für die adäquate Auswertung einer Situation, etwa in einem Konflikt, als sehr wichtig erweisen. Sensible Menschen spüren, dass irgendetwas nicht stimmt, ohne dass sie darüber große Worte verlieren müssen, und können auch meist ziemlich konkret wahrnehmen, wo »der Hund begraben liegt«. Ich weiß nicht, ob es wesensmäßig in uns angelegt oder eine Folge der Erziehung in einer geschlechtsspezifischen Rolle ist, jedenfalls ist besonders bei Frauen diese Fähigkeit oft sehr ausgeprägt. Eine große Stärke!

Leider hat diese, wie alle unsere Stärken, auch eine schwache Seite, eben die Kehrseite der Medaille. Dann wird aus der sensiblen Frau die Mimose, das Häschen, das Kräutchen Rührmich-nicht-an, das Sensibelchen, die Zartbesaitete oder die Überempfindliche. Dieses »Über« ist das Quäntchen, das zu viel ist. Dann wird nicht nur zwischen den Zeilen gelesen, sondern dort auch noch jede Menge hineininterpretiert. Dann hat der Nachbar, der nicht gegrüßt hat, bestimmt was gegen mich, der Pastor hat, als er in seiner Predigt von dem untreuen Knecht sprach, bestimmt mich gemeint, und bei der kleinsten Konfliktsituation bricht man in Tränen aus und ist »verletzt«, nur weil ein anderer meinte, er müsse jetzt mal seine verbalen Muckis etwas spielen lassen.

Letzten Sonntag nahm mich eine ältere Frau aus der Gemeinde zur Seite. Mir schwante schon nichts Gutes, kenne ich diesen etwas wehleidigen und gramumflorten Blick doch nur zu gut und ahnte ich zu Recht, dass jetzt wieder irgendeine Tirade über einen unsäglichen Missstand in der Gemeinde folgen würde. Als Frau des Pastors bin ich immer wieder ein willkommenes Opfer für solche Übergriffe. Sie jedenfalls drängte mich mit einem sanften, aber dennoch eisernen Griff, der jedes Entkommen unmöglich machte, in eine finstere und abgelegene Ecke. Hilfesuchend schaute ich zu den anderen Gemeindegliedern hin, aber die guckten geflissentlich in eine andere Richtung, um dieses seelsorgerliche Gespräch nicht zu stören. Verräter. Ich ergab mich in mein Schicksal und war auf alles gefasst. »Er ist nicht drin«, zischte sie mich ohne Vorwarnung an. Ich schaute sie etwas verdattert an. Wer sollte bitteschön an diesem Sonntagmorgen wo drin sein? Diese Äußerung ließ meiner Phantasie jeden Spielraum und ich fing fast an zu kichern. Mir blieb das Lachen aber sofort im Halse stecken und erst recht meine Erklärung, was ich denn an ihrer Äußerung so amüsant fand. Da holte sie auch schon zu ihren Ausführungen aus. Jetzt verging mir das Lachen vollends. Die Gute hatte mich im Vormonat angerufen und ihr verändertes Geburtsdatum bekannt gegeben (nein, natürlich hatte sich das Datum nicht geändert, sondern es war im letzten Gemeindebrief nur falsch abgedruckt gewesen und sollte nun korrigiert werden). Ich sicherte ihr zu, diese wertvolle Information stehenden Fußes weiterzuleiten und legte auf. Dann vergaß ich das Telefonat.

O, Mann, was war ich blöd. Wie konnte mir so etwas nur passieren?

Irgendwie passiert mir so was öfter. Je dringlicher mich einer ermahnt, etwas auf gar keinen Fall und unter keinen Umständen zu vergessen, umso mehr blockiert mein Gehirn und lässt alles in einem Nebel des Vergessens verschwinden. Meine grauen Zellen scheinen diesem enormen Druck nicht gewachsen zu sein. O, Mann, was war ich blöd. Wie konnte mir so etwas nur passieren? Dieses schwerwiegende Vergehen würde nun seine Runde machen und die älteren Geschwister der Gemeinde in ihrer Meinung bekräftigen, sie wären mit ihren Wünschen und Bedürfnissen in der Gemeinde vollkommen abgemeldet und es ginge ja nur noch um die junge Generation. Ich entschuldigte mich wortreich, gelobte sofortige Besserung, machte, um sie wieder milde zu stimmen, eine taktisch geschickte Bemerkung über ihr gutes Aussehen, ihre schicke Frisur und ihr überaus fesches Schuhwerk. Solcherart besänftigt, ließ sie schließlich von mir ab und ich konnte endlich mit meinem schlechten Gewissen allein sein. Ich grämte mich die ganzen nächsten Stunden und als mein Mann fragte, was denn los sei, erzählte ich ihm von meinem schwerwiegenden Missgeschick. Er zuckte nur mit den Schultern und meinte lapidar: »Dann kommt die Änderung eben in den nächsten Gemeindebrief.« Dickhäuter. Ich armes, zart besaitetes Wesen dagegen trug noch Stunden später an der Bürde meines Versagens.

Das ist nun ein lustiges und harmloses Beispiel. Aber an anderen Stellen sind die Folgen solch eines sensiblen Wesens weitaus schwerwiegender. Der sensible Mensch erlebt schwierige Situationen belastender als andere, kann Schmerz schwerer verdauen und vergessen, weil die Wunden bei ihm keine kleinen Kratzer, sondern gleich schwere Verletzungen sind und er leidet stärker unter seinem Versagen und seiner Schuld. Er kann Dinge nicht auf die leichte Schulter nehmen. Im Gegenteil, er nimmt alles sehr ernst und persönlich. Er leidet an sich selbst und dem ihm zugefügten Unrecht. Erkennen Sie sich als einen sensiblen Menschen mit seinen Stärken, aber auch mit seinen Schwächen wieder?

Der sensible Mensch erlebt schwierige Situationen belastender als andere, kann Schmerz schwerer verdauen und vergessen.

Pessimismus

Eine weitere Eigenschaft, die für Fehlhaltungen sehr förderlich ist, ist die Tendenz, immer alles schwarz zu sehen und das Schlimmste zu befürchten. Damit verbunden ist meist ein sorgenvolles und ängstliches Gemüt.

»Heute wird es bestimmt noch regnen und die Wäsche, die draußen hängt, dabei klatschnass werden, die Bauchschmerzen des Kindes deuten auf eine Blinddarmentzündung hin, der Mann, der unpünktlich nach Hause kommt ist wahrscheinlich in einen schweren Verkehrsunfall verwickelt, der Kuchen wird sowieso nichts, die Gäste, die zu Besuch kommen, langweilen sich bestimmt zu Tode und mit unserer Wirtschaft geht es so steil bergab, dass wir wahrscheinlich bald am Hungertuch nagen müssen.« Menschen, die alles negativ sehen und nur das Schlimmste erwarten, scheinen das Unglück regelrecht anzuziehen. Oder liegt es nur daran, dass sie alles mit einem negativen Vorzeichen versehen und ausschließlich das Schlechte in einer Situation wahrnehmen? Menschen, die mit einem eher dunkel gefärbten Gemüt leben, fixieren sich schnell auf das Negative und neigen schneller zum Aufgeben. Sie leben mit dem Gefühl: bei mir geht alles schief. Der Optimist dagegen kann gleiche oder ähnliche Situationen erleben, sie aber ganz anders bewerten und lässt sich nicht unterkriegen.

Rückzug!

Damit komme ich zu einer letzten Eigenschaft, die Fehlhaltungen fördert. Es ist die Neigung, in die Defensive zu gehen, statt in die Offensive. Wenn man im Leben auf Schwierigkeiten trifft, kann man kämpfen und das Ganze als eine Herausforderung betrachten, der es sich zu stellen gilt oder man kann weglaufen. Voraussichtlich können Menschen mit einer Kämpfernatur besser mit schweren Zeiten umgehen als solche, die sofort den Rückzug antreten, sich hilflos ihrem Schicksal ergeben und – wenn das zu einem Verhaltensmuster wird – schon bald in eine Opferrolle fallen. Solche Menschen übernehmen keine Verantwortung für ihr Leben und nehmen den Handlungsspielraum, der ihnen zur Verfügung steht nicht wahr. Sie fühlen sich schwach und unterlegen und machen schnell andere für ihr Dilemma verantwortlich. Zu dieser Haltung schreibe ich später noch mehr, weil sie der zentrale Punkt ist, an dem sich unsere Heilung und Veränderung entscheidet.

Aktiv werden

Ich habe Ihnen nun beispielhaft einige Grundstrukturen unserer Persönlichkeit genannt, die unter anderem für Fehlentwicklungen und ein »nicht zurechtkommen mit dem Leben« verantwortlich sind. Fallen Ihnen, wenn Sie über sich selbst nachdenken noch mehr ein? Das ist gut. Je genauer wir diese Dinge benennen können, desto größer sind die Chancen, dass hier echte Veränderung geschieht. Zu dieser Veränderung aber später.

Schauen wir uns zunächst erst einmal an, wie sich unsere Familiengeschichte, unsere geistliche Prägung und bestimmte Faktoren in unserer Persönlichkeitsstruktur auf das Leben auswirken können.

Wenn die Mauern Risse bekommen

Wenn Sie auf dem nicht besonders stabilen und tragfähigen Fundament, das ich beschrieben habe, Ihr Lebenshaus bauen, gibt es vielleicht schon recht früh Probleme. Vielleicht haben oder hatten Sie Menschen an Ihrer Seite, die diese Mängel rechtzeitig erkannt und Ihnen geholfen haben, hier einiges auszubessern oder dort etwas abzustützen. Das ist optimal. Oft sind diese Menschen aber nicht vorhanden oder aber Sie selbst wissen nicht genau, welches Ihre Mängel und Bedürfnisse sind, geschweige denn, dass Sie diese genau benennen könnten. Dann laufen Sie immer mit dem dumpfen Gefühl herum, dass irgendetwas nicht stimmt, überreagieren in manchen Situationen und stolpern von einer Krise in die andere. Oder aber – und das kommt recht häufig vor – sie kommen recht gut durchs Leben und plötzlich, ungefähr in der Lebensmitte, kommt die große Krise, der große Einbruch. Auf einmal geht nichts mehr. Dann gibt es die Depression, den Burnout, die unerklärlichen Angstzustände und Panikattacken, die Essstörung, die Krankheit, die kein Arzt erklären kann, weil sie ihre Wurzeln in der desolaten psychischen Situation hat oder den totalen Zusammenbruch. Das hängt damit zusammen, dass sich unsere Seele nicht endlos strapazieren lässt, mit zunehmendem Alter immer weniger.

> Plötzlich, ungefähr in der Lebensmitte, kommt die große Krise, der große Einbruch.

Im körperlichen Bereich ist uns das ja sehr vertraut. Da hat man jahrelang nichts für seine Fitness getan getreu dem Motto »Sport ist Mord« und dem Körper immer einseitige Belastungen zugemutet. Mitte vierzig kommen dann auf einmal die Rückenprobleme und der Arzt stellt ein Bandscheibenproblem fest. Da rächen sich die Zähne für die vielen Süßigkeiten, und die Beine werden wegen des ständigen Übereinanderschlagens von hübschen roten Krampfadern geziert. Die Haut nimmt das häufige Sonnenbaden übel und weigert sich hartnäckig ihren ursprünglichen, prallen Zustand wieder anzunehmen und wenn es beim Feiern mal etwas spät geworden ist, spüren Sie diesen Mangel an Schlaf noch tagelang. Unser Körper streikt irgendwann wegen permanenter Über- und Fehlbelastung und dasselbe tut unsere Seele auch. Dann bricht plötzlich all das auf, was wir jahrelang und vielleicht mit viel Anstrengung unterdrückt haben. Es fehlt uns einfach die Kraft, diesem enormen Druck, der da aus der Tiefe unserer Seele nach oben drängt, standzuhalten. Zudem bietet die Lebensmitte in sich schon ausreichend Krisenpotenzial. Die Auseinandersetzung mit unserer Vergänglichkeit, das Nachlassen der Kräfte und das eindeutige »vorbei« reicht an sich schon aus, unsere Seele über alle Maßen zu strapazieren. Wenn diese schon mit anderen Dingen belastet ist, schafft sie es irgendwann nicht mehr, mit all dem zurecht zu kommen.

Wenn die Seele streikt

Bei mir geschah das, nachdem ich die anstrengende und oft recht schlaflose Zeit mit vier kleinen Kindern eigentlich ganz erfolgreich hinter mich gebracht hatte. Zudem war ich Frau eines Pastors, jenes selbstlos dienende Wesen an seiner Seite, bereit, ihm den Rücken freizuhalten und sich mehr oder weniger allein um Haushalt und Kinder zu kümmern und auch die Gemeinde mit meiner Anwesenheit und Mitarbeit zu beglücken. Nachdem wir wieder einmal die Gemeinde, den Wohnort und liebgewordene Freunde verlassen und in eine andere Gemeinde gewechselt hatten, drehte sich das Rad aufs Neue. Bis es auf einmal knirschte im Getriebe. Immer häufiger bekam ich Kreislaufprobleme und in allen möglichen und unmöglichen Situationen überfiel mich Panik, weil ich meinte, jeden Moment ohnmächtig zu werden. Ich nahm die ersten Anzeichen nicht weiter ernst. Bis ich eines Nachts eine richtige Angstattacke bekam: Ich hatte den Eindruck, ich bekäme keine Luft mehr. Mein Herz raste, und ich hatte Todesangst. Diese Attacken wiederholten sich und immer häufiger wurden Depressionen ihre Begleiter. Ich war abgestürzt. Ich fühlte mich wie ein Vogel, der in der Luft abgeschossen wurde, in rasendem Tempo auf die Erde gestürzt ist und nun unten hilflos und zerbrochen liegt. Der Arzt diagnostizierte eine Erschöpfungsdepression, die auch heute noch, wenn ich in altes Fehlverhalten zurückfalle, wieder auftritt. Ich bekam Medikamente verschrieben und begann mit einer Gesprächstherapie.

Wenn ich Ihnen im Folgenden berichte, was ich in dieser Zeit und auch später noch über die Zusammenhänge zwischen meiner Kindheitsgeschichte, meiner geistlichen Prägung, meiner Persönlichkeitsstruktur und meinen Problemen im späteren Leben lernte, so ist all dies sehr persönlich. Mit dem einen oder anderen werden Sie vielleicht nicht viel anfangen können, aber ich habe in Gesprächen mit anderen gemerkt, dass sich die Folgeschäden bei Menschen mit ähnlicher Vorgeschichte oft erschreckend ähneln. Von daher hoffe ich, dass Sie sich hier und da wiederfinden, und dann aufatmen können mit dem Wissen: Sie sind nicht allein.

Der zerbrochene Spiegel

Es ist naheliegend, dass jemand mit einer Kindheitsgeschichte, wie der anfangs beschriebenen, kein gesundes Selbstwertgefühl aufbauen kann. Unsere Eltern sollten die ersten Vermittler der Botschaft sein: »Du bist wertvoll, geliebt, begabt und wunderbar gemacht«. Wenn die Eltern diese Botschaft nicht transportieren können, weil sie selbst an diesem Punkt massive Defizite haben oder alle Energie brauchen, ihr eigenes Leben irgendwie unter Kontrolle zu bekommen, können sie das, was ihre Kinder so dringend brauchen, nicht geben. Die Eltern sind für das Kind wie ein Spiegel, in dem es sich wahrzunehmen lernt. Hat dieser Spiegel Risse, Sprünge oder ist gar ganz zerbrochen, kann sich das Kind nicht richtig sehen und bekommt ein verzerrtes Selbstbild. Dieses verzerrte Selbstbild haben die entwickelt, die zu Hause nur Kritik, Nörgelei oder Desinteresse erfahren haben, genauso wie die, die immer im Mittelpunkt standen und die nie gelernt haben, im Leben auch mal auf Platz zwei zu rangieren. Dabei waren nicht unbedingt die Worte der Eltern entscheidend, sondern das, was sie als Modell vorgelebt haben. Meine Eltern haben durchaus zu mir gesagt, dass sie mich lieb hätten und sie lobten mich auch. Verbal stimmten diese Dinge im Großen und Ganzen. Aber ich fand vor allem in meiner Mutter kein Modell, das mir zeigte, wie man sich annimmt und wie ein Leben aussieht, das von der Gewissheit, ein von Gott geliebter und wertgeschätzter Mensch zu sein, geprägt ist. Kinder lernen mehr von dem, was ihnen zwischen den Zeilen vermittelt und vorgelebt wird, als von hundert Worten.

Als ich später selber Mutter wurde, habe ich das an einigen Stellen für mich sehr ernüchternd erlebt. Unsere dritte Tochter war in der Grundschule sehr ehrgeizig (eine Eigenschaft, die sich heute, im beginnenden Teenageralter, irgendwie in Luft aufgelöst hat). Besonders beim Diktat erstrebte sie immer das Ziel, keinen einzigen Fehler zu haben und war am Boden zerstört, wenn sie dieses Ziel nicht erreichte. Ich redete mit Engelszungen und erklärte ihr immer wieder, dass Fehler gar nicht schlimm seien, dass man doch nicht immer die Beste sein müsse und auch ein »befriedigend« eine Leistung sei, über die wir uns freuen würden. Weil ich aus meiner eigenen Geschichte wusste, wie fatal ein ständiges Antreiben der Kinder zu besten Leistungen ist, achtete ich sehr bewusst darauf, dass ich das meinen Kindern nicht zumutete. Als mir der Mund vom vielen Ermutigen und Loben schon fast in Fransen hing, sprach ich auf einem Elternabend mal einen Schulpsychologen auf dieses

Thema an. Was er sagte, traf den Punkt so genau, dass es mir die Sprache verschlug und ich mich den Rest des Abends in Schweigen hüllte.

Wissen Sie – das hat jetzt mit diesem Thema nichts zu tun, ich muss es aber trotzdem kurz einschieben – das fasziniert mich an Jesus total und immer wieder. Er redet zu mir durch Menschen, die ihn gar nicht kennen, durch alltägliche Situationen, die scheinbar mit Glauben nichts zu tun haben und in einer Sprache, die so gar nichts Frommes an sich hat. Er liebt mich so sehr, dass er diesen Extraservice für mich eingerichtet hat, weil er weiß, dass meine frommen Ohren – na ja, sagen wir mal, etwas geschädigt sind.

Dieser Psychologe jedenfalls sagte: »Sehen Sie, Ihr Kind lernt nicht in erster Linie durch ihre Worte, sondern durch das, was Sie ihm vorleben, Ihr Modell. Wie gehen Sie mit Versagen und Fehlschlägen um? Sieht es bei Ihnen, dass man Fehler machen kann und dass das nicht weiter schlimm ist? Können *Sie* denn locker damit umgehen?« Bingo, dachte ich. Am Morgen hatte ich noch gestöhnt und gejammert, weil der Kuchen nichts geworden war und als mir dann noch die Spiegeleier anbrannten, hatte ich laut und für alle vernehmlich zu mir gesagt: »Du kriegst aber auch gar nichts auf die Reihe. Nicht mal so etwas Simples wie Spiegeleier bekommst du hin.« Darauf krähte meine jüngste Tochter vergnügt vom Sofa: »Mama, du sagst doch immer, dass wir uns selber nie beschimpfen dürfen. Jetzt machst du's selber.« Ein tolles Modell hatte ich da abgegeben. Welches Modell stand für Sie Pate und welches Modell sind Sie selber jetzt für Menschen, die auf Sie sehen und von Ihnen lernen?

Ihr Kind lernt nicht in erster Linie durch ihre Worte, sondern durch das, was Sie ihm vorleben.

Ob Ihr Selbstwert stabil oder eher schwach ausgeprägt ist, hat auch nichts mit dem realen Ist-Zustand Ihrer Person zu tun. Egal, ob hübsch oder hässlich, dick oder dünn, arm oder reich, gebildet oder eher einfach gestrickt: Die tiefe Überzeugung, liebenswert und angenommen zu sein, hat mit diesen Attributen nur wenig zu tun. Einschlägige Frauenzeitschriften wollen uns das weiß machen: Wenn Du nur zehn Kilo weniger wiegst, wenn Du nur die richtige, absolut trendy (und absolut abartige) Kleidung trägst, wenn Du Dich nur richtig schminkst, wenn Du nicht diese straßenköterblonden Haare hättest, sondern flotte (und teure) Strähnchen machen ließest, wenn deine Wohnung nur etwas mehr Pep hätte, wenn Du nur den Mut hättest, dein berufliches Ziel mit Ehrgeiz zu verwirklichen ... Wenn, wenn, wenn. Aber jeder, der einigermaßen bei Verstand ist, weiß doch, dass es so nicht funktioniert. Wenn wir diesen Tipps nachgeben, fühlen wir uns vielleicht für ein paar Tage etwas besser. Aber von Dauer ist dieses Gefühl nicht. Ich kenne Frauen, die könnten Model sein und sind mit etlichen wundervollen Begabungen ausgestattet. Sie genießen tolle Lebensumstände und tragen trotzdem ständig ein Gefühl von Wertlosigkeit in sich. Andere, etwas unscheinbarere Frauen, die man vielleicht erst auf den zweiten Blick wahrnimmt, ruhen in sich und sind sicher und selbstbewusst. Wenn ich im Gespräch schon mal erwähne, dass ich mit meinem Selbstwertgefühl so meine Probleme habe, dann folgt immer ein ungläubiges: »Waaas Duuu?« Und dann wird aufgezählt, was ich denn alles könnte und wie nett ich anzusehen sei, und welch eine gute Figur ich auch nach vier Kindern noch habe usw. Ich freue mich über so viele Komplimente und ich sauge sie auf wie ein Schwamm (nur für den Fall, dass Sie jetzt meinen, Sie bräuchten mich nicht mehr zu loben). Aber letztlich ist es so, wie wenn man Wasser in ein Gefäß mit Löchern füllt. Die Flüssigkeit wird nicht aufgenommen und versickert schnell wieder.

Es gab eine Zeit in meinem Leben, in der diese Minderwertigkeitsgefühle bei mir extrem und existenziell waren. In dieser Zeit habe ich oft gesagt: »Ich fühle mich wie ein Schmalzkringel, der in der Mitte ein Loch hat.« Wo ein »Ich« hätte sein müssen, war nichts. Mir fehlte das Zentrum, die Mitte; ich selbst fehlte mir. Wenn Sie eine Betroffene sind, werden Sie das verstehen.

Aktiv werden

Der Blick in die eigene Biographie lohnt sich. Was für ein Nährboden wurde Ihnen mitgegeben? Wenn es schlechter Boden war, fangen Sie an, guten Boden aufzutragen. Setzen Sie den Lügen, die in Ihrem Leben gesät wurden, gute Wahrheiten entgegen. Hören Sie gut hin, wenn Gott Ihnen seine stärkenden, korrigierenden und Mut machenden Worte sagen will. Und hören Sie auf, wie eine schlecht gelaunte Gouvernante mit sich zu reden – Sie verdienen etwas Besseres. Gott hat Ihnen so viel Gutes zu sagen.

Heute Morgen las ich einen Bibelvers aus Hosea 14, 6: *»Gott spricht: Ich will für Israel wie ein Tau sein, dass es blühen soll wie eine Lilie.«* Dass ich mich heute nicht mehr so »schmalzkringelmäßig« fühle und langsam das Gefühl habe, aufzublühen, habe ich diesem Tau, der von Jesus kommt, zu verdanken. Kein kräftiger, einmaliger Platzregen, kein heftiges Gewitter, sondern zarter, feiner Tau. Jeden Morgen neu. Mit verblüffender Beständigkeit und liebevoller Zartheit benetzt er immer wieder meinen trockenen, rissigen Boden. Solange, bis etwas anfängt zu keimen und zu wachsen. Und noch viel länger. Ich liebe Jesus.

Spieglein, Spieglein an der Wand

Wenn Sie – wie ich – in Ihrer Kindheit ständig dem Vergleich mit anderen standhalten und sogar mit einem »besser« abschneiden mussten und noch dazu nicht das stärkste Selbstwertgefühl besitzen, ist es nicht verwunderlich, dass sich irgendwann Neid und Eifersucht als ständige Begleiter zu Ihnen gesellen. Bei mir war das jedenfalls nicht verwunderlich, denn ich hatte ein »so wie du bist, ist es schön, du bist gut genug« nie gehört.

Ich hatte ein »so wie du bist, ist es schön, du bist gut genug« nie gehört.

Als ich anfing, neidisch und eifersüchtig zu werden, war ich entsetzt und schämte mich in Grund und Boden dafür. Es gibt ja so manche schlechte Eigenschaft, mit denen man auch unter Christen noch gesellschaftsfähig ist. Aber Eifersucht? Dem anderen das Gute neiden? Ihm am liebsten den Boden unter den Füßen wegziehen, wenn er beliebter, begabter oder schöner ist als ich? Ich hätte mich eher unter dem Teppich verkrochen als zuzugeben, dass *ich* das bin. Mir kam dann immer das Märchen von Schneewittchen und den sieben Zwergen in den Sinn, in dem die böse Königin das arme Schneewittchen terrorisiert, nur weil sie ihren Status als »die Schönste im ganzen Land« bedroht. Also so wollte ich wirklich und wahrhaftig nicht sein – und entdeckte doch, dass ich so mancher Konkurrentin nicht minder gerne einen vergifteten Apfel in die Hand gedrückt hätte. Und wenn ich in der Bibel über den Aufstieg und Fall des Königs Saul las, empfand ich die ganze Macht der Zerstörung, die aus diesem Charakterzug entspringt. So wollte ich weder leben noch sterben – merkte aber gleichzeitig auch, wie quälend und zerstörerisch dieses Gefühl sein kann und wie man davon besetzt und beherrscht wird.

Die Spirale abwärts

Irgendwann entdeckte ich, dass Eifersucht nicht umsonst so heißt, sondern tatsächlich etwas von einer Sucht an sich hat – zumindest da, wo sie sich richtig in unserem Leben einnistet und nicht nur ein vorübergehender Anflug ist. Wie für eine Sucht typisch, gibt es auch hier einen Suchtkreislauf. Das heißt, Sie werden von Eifersucht gequält und gefangen genommen. Sie merken das und fangen an, dagegen anzukämpfen, umso mehr, wenn Sie Christ sind und zu Recht glauben, dass Gott diese Eigenschaft nicht sehr schätzt. Sie merken aber, dass die Eigenschaft stärker ist als Sie und dass Sie ihr erliegen. Sie fühlen sich schlecht, schämen sich und Ihr Selbstwertgefühl wird immer kleiner, woraufhin Sie eine perfekte Angriffsfläche für neue Eifersuchtsattacken bieten. Sie erliegen wieder, schämen sich, kämpfen dagegen an, verlieren und fühlen sich schlecht. Und weil sie sich so schlecht fühlen, erliegen sie prompt der nächsten Attacke. Die Spirale abwärts ist in Gang gesetzt. Sucht hat immer etwas mit Scham- und Schuldgefühlen zu tun. Wenn wir einen Suchtkreislauf durchbrechen wollen, müssen wir deswegen genau an diesem Punkt ansetzen. Für mich hieß das, dass ich aufhörte, mich für diese Eigenschaft zu verdammen, sondern sie zunächst einmal als Bestandteil meines Charakters akzeptierte.

Das hört sich für fromme Ohren etwas gewagt an, aber es ist doch so: wir werden ungute Eigenschaften in unserem Leben nicht dadurch los, dass wir uns selbst attackieren und dafür hassen. Hass und Ablehnung bewirken niemals Veränderung, sondern immer nur Selbstzerstörung. Wir rauben uns damit das letzte bisschen Kraft, das wir doch eigentlich so dringend für unsere Genesung bräuchten. Wie viel befreiender ist dagegen die Tatsache, dass Jesus mich brutto, mit dieser Lebenswunde liebt. Dass ich sagen kann: »Ja, ich habe an dieser Stelle Probleme. Aber ich bin trotzdem liebenswert und wertvoll.

Mein Selbstwertgefühl steht und fällt nicht damit, ob ich dieses ›Ding‹ bewältigen kann, weil auch Gottes Liebe zu mir nicht davon abhängt.« Ich habe regelrecht trainiert, zu sagen: »Im Moment spüre ich wieder dieses nagende Gefühl. Ich habe damit noch eine Menge Probleme – na und? Das ist kein Drama. Jesus wird das in meinem Leben auch noch hinbekommen. Punkt.« Mit dieser Sichtweise nehmen Sie dem Suchtkreislauf seine Kraft. Sie rutschen nicht mehr aus Scham bis ans Ende der Spirale, sondern bleiben oben und sind nicht mehr so anfällig für neue Eifersuchtsattacken. Die Sache ist nicht mehr so dramatisch und wird so zu einem belanglosen Nebenschauplatz. Sie starren nicht mehr wie ein hypnotisiertes Kaninchen auf die Schlange Eifersucht, sondern schlendern gelassen vom Schauplatz des Geschehens. Mit ein bisschen Vorstellungskraft und einem Schuss Humor, können sie dann Ihre Eifersucht wie eine alte, etwas nervige Bekannte begrüßen, mit der Sie ein paar Takte wechseln – die sie dann aber höflich bitten, wieder zu gehen.

Wir brauchen nicht mehr gegen unsere Macken zu kämpfen, als ginge es um Leben und Tod – wir leben bereits!

Ich möchte hier keine Sünde verharmlosen. Jesus hat viel zu diesem Thema gesagt. Aber er hat auch gesagt, dass wir im Kampf gegen die Sünde hoffnungslos verloren sind. Deswegen hat er an unserer Stelle den Kampf gekämpft und gewonnen. Wir brauchen nicht mehr gegen unsere Macken zu kämpfen, als ginge es um Leben und Tod – wir leben bereits!

Etwas anderes, was ich feststellte, war, dass Eifersucht eine Form der Trauer ist. Als ich mir das klar machte, fing ich an, anders mit mir umzugehen. Nicht mehr hart und verurteilend sondern verständnis- und liebevoll. So wie man eben mit einem Trauernden umgeht und so wie ich auch Jesus im Umgang mit mir erlebe. In seiner Gegenwart kann ich ausspucken, was mich so vergiftete und merke, dass bei meiner Eifersucht tatsächlich eine Menge Trauer im Spiel ist. Ich erinnere mich noch gut an verschiedene Begegnungen mit einer Frau, die sehr viel Sinn für Schönheit und Ästhetik hatte. Sie war stets gut geschminkt und gekleidet und zauberte in ihrem Haus eine Atmosphäre von Charme, Stil und Schönheit. Dieser Frau gegenüber verspürte ich nun heftige Eifersucht. Warum? Doch nicht, weil ich so böse und hinterhältig war, sondern weil ich zutiefst darüber trauerte, dass diese Fähigkeit auch in mir angelegt, aber nie ausgelebt worden war. Da war jemand, der lebte das, was ich mir zu leben versagt hatte. Da hatte jemand nach etwas gegriffen, von dem ich ganz tief drinnen wusste, dass es auch mir zustand – ich aber hatte nicht gewagt, die Hand danach auszustrecken. In mir schlummerte eine Person, die Sehnsucht nach Schönheit und Ästhetik hatte. Mir aber war das erhabene Ziel vor Augen gestellt worden, dass man als Christ für solch ein »Tamtam« kein Geld ausgibt, sondern bescheiden und einfach sein Dasein fristet (na ja, vielleicht hatte ich mir dieses edle Ziel ja auch selber vor Augen gestellt). Gute Kleidung, Schminke und andere schöne Dinge würden nur von einer angemessenen Nachfolge abhalten und den irdischen Dingen übermäßig viel Raum geben. Zudem bin ich mit einem Mann verheiratet, der nicht allzu viel Sinn für Schönheit hat und der mehr nach dem Motto »praktisch und günstig muss es sein« lebt. Und ich hatte lange Zeit gemeint, mich seiner Sicht der Dinge anpassen zu müssen. Also hatte ich den Wunsch, mich mit schönen Dingen zu umgeben, unterdrückt. In der Begegnung mit dieser Frau, die all das lebte, was ich mir so heftig wünschte, übermannten mich starke Trauer- und Verlustgefühle über Verlorenes oder nie Gefundenes, die ihr Ventil in der Eifersucht fanden. Dieser Trauer musste ich mich stellen. Dabei machte ich die Entdeckung, dass es manches gab, was ich richtig »abtrauern« musste, weil die Situationen oder Möglichkeiten unerreichbar oder unwiederbringlich vorüber waren. An vielen Punkten, wie auch bei dem genannten Beispiel, wurde die Eifersucht Antrieb, in meinem Leben etwas in Angriff zu nehmen, was ich bis dahin nur bei anderen bewundert hatte, das ich mir selbst aber nicht zugestand. Die Eifersucht war in diesem Fall wie ein Wegweiser für mich, diese Dinge in meinem Leben endlich in Angriff zu nehmen. Dabei ging es weniger um Materielles als vielmehr um Veränderungen von Einstellungen und das Entfalten der in mir angelegten Gaben und Fähigkeiten.

Aktiv werden

Wenn sie von Eifersucht und Neid geplagt werden, dann lassen Sie es nicht bei diesem nebulösen Gefühl, sondern schauen Sie sich Ursachen und Abläufe genau an. Sprechen und beten Sie mit einem Menschen Ihres Vertrauens. Glauben Sie mir, wenn ich Ihnen sage, dass Sie mit diesem Gefühl nicht alleine sind, sondern viele Frauen mit Ähnlichem Probleme haben. Sie brauchen sich nicht dafür zu schämen! Denken Sie daran: viele negative Dinge verlieren ihre Macht, wenn sie ans Licht gebracht werden. Bleiben sie in der Dunkelheit, treiben sie dort ihr Unwesen und können sich ungestört ausbreiten. Bei Licht besehen ist manches lachhaft, was uns so bedrohte, und mancher Riese schrumpft zu einem kleinen Zwerg zusammen.

Wenn das Gute nicht gut genug ist

Todschick sehe ich in diesem langen, schwarzen Samtkleid aus. Ich drehe mich vor dem Spiegel. Elegant, schlicht und von atemberaubender Schönheit präsentiert sich mir mein Spiegelbild. Ich bin begeistert. Jetzt noch das passende Styling, ein Hauch Schminke, die richtigen Schuhe. Ja, so kann ich mich sehen lassen, eine wahre Zierde für meinen Mann und ein Aushängeschild für die kollektive Weiblichkeit. Nur mühsam reiße ich mich von meinem Spiegelbild los, aber ich wollte diesen Abend ja nicht im Schlafzimmer verbringen, sondern mich den wohlwollenden Blicken der Öffentlichkeit präsentieren. Würdevoll und mit dem Gang einer Filmdiva schreite ich die Treppe hinab und warte auf den frenetischen Applaus und das Blitzlichtgewitter. Dummerweise begegnet mir als Erstes einer unserer Söhne. Ich fürchte, jetzt wird es eine kleine Drehbuchänderung geben. Meine Befürchtungen waren nicht umsonst. »Sag jetzt nichts Falsches!« knurre ich den Jüngling drohend und mit völlig unweiblicher Stimme an. »Klasse siehst du aus, Mama!« erschallt dann auch wie auf Kommando seine tiefe pubertierende Stimme. Ich atme auf. Tja, da sieht man mal wieder die gute Erziehung. Als ich aber das Lausbubengrinsen auf seinem Gesicht sehe, ahne ich, dass das noch nicht alles war. »Aber ...«, er umrundet mich, als wäre ich eine Kuh, die zur Versteigerung freigegeben worden ist, »irgendwie siehst du aus, als wärst Du schwanger«, vollendet er den Satz. »Ich meine, guck doch mal da.« Sein Finger zeigt auf meine Leibesmitte, wo er und alle seine Geschwister ohne Rücksicht auf Verluste meinen einst ranken und schlanken Körper ausgebeult haben und diese Beule sich jetzt heftig weigert, einem durchtrainierten Waschbrettbauch Platz zu machen. Als er meiner giftigen Blicke gewahr wird, flüchtet er schnell in sein Zimmer. Ich flüchte auch – zurück ins Schlafzimmer. Dort unterziehe ich mich erneut einer kritischen Prüfung. Mit Entsetzen stelle ich fest, dass der Jüngling Recht hat. Eine leichte Vorwölbung ist unschwer zu erkennen und nach einem opulenten Mahl, welches bei solchen Festivitäten wie heute zu erwarten ist, werde ich wahrscheinlich aussehen wie ein sattes, zufriedenes Hängebauchschwein. Daran müssen wir unbedingt noch arbeiten. Ich probe alle möglichen Stellungen und nehme vom vielen Luftanhalten und

Ich probe alle möglichen Stellungen und nehme vom vielen Luftanhalten und Baucheinziehen schon langsam eine bläuliche Farbe an.

Baucheinziehen schon langsam eine bläuliche Farbe an. Ja, so müsste es gehen. Die etwas außergewöhnliche Gesichtsfarbe muss ich eben in Kauf nehmen. Irgendwie wird dieser Abend etwas anstrengend und entspannte Feierstimmung will bei mir nicht aufkommen. Wie soll man sich auch entspannen, wenn man ständig darauf achten muss, dass man nicht vor der ganzen Menge zu einem Hängebauchschwein mutiert? Ich glaube, es war das Luftanhalten, das mir in dieser Nacht heftige Bauchschmerzen bescherte.

»Befriedigend« ist nicht genug

Warum das ganze Theater? Ich wollte perfekt sein. Ich wollte die Schönste sein. Warum konnte es mir nicht einfach reichen, ein tolles Kleid anzuhaben? Der klitzekleine Bauch – ein leichter Schönheitsfehler, na und? Wer erwartet denn von einer Mutter mit vier Kindern eine Modelfigur? Die erschütternde Antwort lautet: Niemand, außer ich selbst. Erschütternd deswegen, weil nicht die anderen, sondern ich selber der größte Sklaventreiber bin. Ist das nicht verrückt?

Überlegen Sie mal, wie viele der Ansprüche, die Sie an Ihre eigene Leistung, Ihr Aussehen und Ihre Fähigkeiten haben, tatsächlich von anderen an Sie gestellt werden. Es sind verschwindend wenige. Die meisten und höchsten Ansprüche stellen Sie selber an sich. So ist es zumindest bei mir. Welcher Besucher erwartet denn von Ihnen, dass ihr Haus blank geputzt ist, der Garten blüht und grünt, als hätte er für einen Katalog Modell gestanden, dass das Essen wie aus einer Gourmetküche schmeckt und dass ihre Kinder wohlerzogen am Tisch sitzen?

Ich erwarte das nicht, wenn ich bei anderen Leuten bin. Sie etwa? Wer erwartet, dass Sie immer gut gelaunt sind, immer freundlich, höflich und geduldig mit Ihren Kindern umgehen, obwohl diese sie zur Weißglut treiben und sie selber einen anstrengenden Arbeitstag hinter sich haben? Wer erwartet, dass Sie auch noch in der Lebensmitte eine Figur wie eine Siebzehnjährige besitzen und stets perfekt geschminkt und gestylt sind? Wer erwartet, dass Ihre Mitarbeit in der Gemeinde auch als Laie mit begrenzter Zeit der Leistung eines Profis gleichkommt? Die Wahrheit ist, dass wir selber oft diejenigen sind, die diese Forderungen an uns selbst stellen. Natürlich werden unsere Idealbilder von den Medien (auch den christlichen) und unserer Umwelt geprägt. Und es mag sicher auch sein, dass in der Arbeitswelt tatsächlich oft überdurchschnittliche Leistung gefordert wird. Aber ob wir diese Ansprüche auch tatsächlich übernehmen und zulassen, dass sie in unserem Leben dominieren, dafür sind ausschließlich wir selbst verantwortlich. Das hört sich jetzt so locker an. Es ist nicht leicht, ich weiß. Aber wenn wir uns einfach treiben lassen von Fremd- und Eigenansprüchen und nicht wahrnehmen, wo wir eigenverantwortlich etwas dagegen tun können, dreht sich die Spirale immer höher und wir steuern geradewegs auf ein Burnout oder eine Erschöpfungsdepression zu.

Halten Sie einen Moment inne, wenn Sie in eine Situation kommen, in der sich wieder der immense Druck aufbaut, perfekt sein zu wollen. Ist das Ihre eigene Erwartung oder tatsächlich die von anderen? Wenn letzteres der Fall ist, ist es denn dann wirklich zwingend notwendig, sich diesem Diktat der anderen unterzuordnen? Oder ist der Wunsch, in dieser Situation durch eine nicht mehr zu übertreffende Leistung hervorzustechen Ihr eigener Wunsch? Und wenn ja, warum? Ist es einfach nur die Freude, eine gute Leistung bringen zu wollen oder steckt dahinter die Angst, bei einem »mittelmäßig« nicht zu genügen? Sitzt da aus ihrer früheren Prägung noch ein Sklaventreiber in Ihnen, der Ihnen beständig zuflüstert: »Du musst die Beste sein, die beste Leistung bringen, sonst taugt das Ganze nichts«?

Ich habe Ihnen von meiner Kindheit erzählt und vor diesem Hintergrund ist es nicht verwunderlich, dass ich zu

Perfektionismus neige. Dieser unablässige Vergleich mit anderen ist tief in mir verankert. Bei Leuten wie mir ist ein unsichtbarer Radarschirm eingebaut, der ständig den Horizont nach Leuten absucht, die es notwendig machen, die eigene Leistung noch zu steigern, weil ein anderer aufgetaucht ist, der besser oder fähiger ist. Hinter allem steckt die Angst, nicht zu genügen, wenn man nur ein »befriedigend« abliefert. Hören Sie auf mit dem Vergleichen. Wenn man nur lang genug sucht, findet man immer jemanden, der die Sache noch besser macht und wird seines Lebens gar nicht mehr froh. Perfekt sein zu müssen macht das Leben anstrengend, wir stehen unter Dauerstress und können gar nichts mehr richtig genießen.

Perfektionismus in einem anderen Gewand

Andere fallen in das andere Extrem und sagen: »Wenn ich etwas nicht perfekt machen kann, dann tue ich es gar nicht.« Dahinter steckt die Angst, kritisiert zu werden und der eigenen Mangelhaftigkeit ins Gesicht blicken zu müssen. Solche Leute gehen leider auch mit anderen hart ins Gericht, kritisieren und nörgeln, wo sie nur können, aber halten sich selbst immer schön zurück. In der Gemeinde erkenne ich solche Leute mit verbundenen Augen. Meistens sitzen sie mit verschränkten Armen – oder betont lässig und unbeteiligt – in den letzten Reihen und folgen mit hochgezogenen Augenbrauen dem Geschehen »da vorne«. Hier ein unwilliges Stirnrunzeln und da verständnisloses Kopfschütteln. Sie verbreiten ohne Worte eine Aura des Missfallens um sich. Hat man nach dem Gottesdienst das zweifelhafte Vergnügen, in ihre Fänge zu geraten, überhäufen sie einen mit einem Schwall von nicht besonders positiven Bemerkungen. Wagt man daraufhin den Vorschlag, sie könnten sich doch selbst auch einmal einbringen, tun sie diese Bemerkung als unqualifiziert oder lächerlich ab oder – was mir persönlich weitaus lieber ist – schweigen sofort.

Perfektionismus in einem anderen Gewand. Angst vor Kritik. Angst, nicht zu genügen, wenn Fehler gemacht werden. Schade eigentlich. Wenn sie diese Ängste überwinden könnten, wären es sicher ganz wertvolle Mitarbeiter. Aber dieses Überwinden ist nicht so einfach. Es fängt damit an, dass ich mir dieser Eigenschaft bewusst werde und geht mit der Entscheidung weiter, ob ich mich dem Antreiber »Perfektionismus« weiter beugen will oder nicht. Und das nicht ganz allgemein, sondern in der ganz speziellen Situation, vor der ich gerade stehe. Manchmal hilft es, sich zu fragen, was denn eigentlich schlimmstenfalls passieren könnte, wenn man nicht perfekt ist. Bei Licht betrachtet beruhen solche Ängste meistens auf irgendwelchen selbst erfundenen Hirngespinsten.

Kürzlich erwarteten wir Besuch von zwei befreundeten Familien. Die Frauen aus diesen Familien sind allesamt der Prototyp der Hausfrau schlechthin. Man kann jeden Schrank und jede Schublade öffnen – es ist *überall* sauber und aufgeräumt. Dabei ist das keine sterile Sauberkeit, sondern sie ist gemütlich und adrett. Toll dekoriert ist es obendrein auch noch, also kann ich noch nicht einmal *das* beanstanden. Die Kuchen sehen aus wie aus einer Konditorei, sind aber viel leckerer und mit sehr viel mehr Liebe zubereitet. Dabei wirken die Damen nicht gestresst, sondern völlig souverän und entspannt. Kündigt sich ein Besuch dieser Familien bei uns an, kriege ich vorher regelmäßig Schweißausbrüche und wünsche eine baldige Entrückung herbei. Und dann tritt mein Perfektionismus auf den Plan und spornt mich schon Tage vorher zu Höchstleistungen an. Als diese Situation kürzlich wieder vor mir stand entschied ich mich bewusst, den Perfektionismus diesmal rabiat in seine Schranken zu weisen. Ich befahl meinen Kindern *nicht*, ihre Zimmer bis zur Unkenntlichkeit aufzuräumen, ich putzte *nicht* in letzter Minute noch einmal durch die Gästetoilette und ich servierte simplen, gekauften Kuchen. Durch solch ungewohntes und extremes Verhalten herausgefordert, versuchte mein alter Sklaventreiber mir ständig dazwischenzuplappern. Ich aber blieb eisern, auch wenn mich das sehr viel emotionale Kraft kostete. Ich hatte das Gefühl, etwas schier Unmögliches, Ungehöriges und Folgenschweres zu tun. Und was passierte tatsächlich als Folge meines ungewohnten und – wie ich immer geglaubt hatte – unmöglichen Verhaltens? Nichts. Rein gar nichts. Der Tag verlief ganz harmonisch und zur Zufriedenheit aller, nur hatte ich diesmal weitaus weniger Stress gehabt. Der Sklavenhalter war entlarvt. Die schrecklichen Konsequenzen, die er mir immer vor Augen geführt hatte, waren ausgeblieben. Ich hatte einen kleinen Sieg gegen ihn errungen. Versuchen Sie es. Nur an einer kleinen Stelle und sie werden erleben: unperfekt und fehlerhaft lebt es sich sehr viel entspannter. Bei Jesus, dem Herrn der Welt dürfen Sie Ihre Ecken, Kanten und Begrenzungen haben, er liebt Sie so, wie Sie sind. Also, warum machen Sie sich wegen ein paar Menschen verrückt?

Gerade kommt meine jüngste Tochter nach Hause und erzählt von einem Zahnarztbesuch in ihrer Schule: »Der hat gefragt, wer sich denn dreimal am Tag die Zähne putzt und wer zweimal. Dann hat er gesagt, wer dreimal putzt ist obergut und wer zweimal putzt ist gut. Aber weißt du, Mama«, grinst sie, »mir reicht's, wenn ich gut bin. Obergut muss ich nicht sein.« Ich will gerade ausholen und einen typisch mütterlichen Kommentar loslassen, von wegen, dass obergut in Sachen Zahnpflege gar nicht so schlecht ist, aber noch in letzter Sekunde halte ich mich zurück. Eigentlich hat sie doch den Nagel auf den Kopf getroffen. Besser kann man es doch gar nicht ausdrücken: »Mir reicht's, wenn ich gut bin, obergut muss ich gar nicht sein ... «

Sei ein liebes Mädchen

Wenn Sie wie ich aufgrund Ihrer Familiengeschichte, Ihrer geistlichen Prägung und Ihrer Persönlichkeitsstruktur sehr stark außengesteuert denken, fühlen und leben, dann ist es Ihnen wahrscheinlich ein großes Bedürfnis, von anderen gemocht zu werden und unter gar keinen Umständen bei ihren Mitmenschen in Ungnade zu fallen. Gerade in den Gemeinden habe ich viele Frauen kennen gelernt, die als »liebes Mädchen« leben, aber auch daran leiden.

Wie sieht so eine Frau in der Gemeinde aus? Sie ist immer da, wenn Not am Mann ist, übernimmt gerne und schnell Aufgaben und tut sich unendlich schwer damit, »Nein« zu sagen. Sie fühlt sich übermäßig verantwortlich für alles und jeden und kann sich schwer von der Not anderer abgrenzen. Sie hat einen hochempfindlichen Sensor für die Bedürfnisse anderer und versucht es allen recht zu machen, um keine Angriffsfläche für deren Unwillen zu bieten. Die Bedürfnisse anderer haben immer Vorrang, während sie ihre eigenen kaum noch wahrnimmt, geschweige denn erfüllt. Tut sie es doch, plagen sie Schuldgefühle und Selbstvorwürfe: »Gott möchte doch sicher, dass ich ... Er findet es sicher egoistisch, dass ich jetzt ... « So oder ähnlich sind ihre Gedanken. Dass sich in unseren Gemeinden so viele nette Frauen tummeln, liegt zum einen an einer einseitigen Botschaft früherer Verkündigung, die ihren Schwerpunkt im »Dienen«, im »sich selbst verleugnen« und »sein Kreuz auf sich nehmen« hatte. Dadurch entstand das Bild, ein guter Christ sei der, der möglichst viel gibt und wenig fordert. Heute schlägt das Pendel in die andere Richtung aus und man müsste für die junge Generation diese Dinge fast schon wieder betonen. An meinen Kindern jedenfalls merke ich, dass ein »sich selbst hinten anstellen« für sie weder erstrebenswert ist noch bringen sie es mit ihrem Leben mit Jesus in Verbindung. Eine andere Ursache dafür, dass sich in unseren Gemeinden so viele »liebe

Mädchen« tummeln, liegt darin, dass eine Gemeinde – wenn sie diese negativen Hintergründe nicht durchschaut – dieses Verhalten gerne sieht und mit Wohlwollen belohnt. Das geschieht in der Gesellschaft auch, nur machte hier die Emanzipation viel weitere Fortschritte und man hat sich schon längst daran gewöhnt, dass Frauen nicht immer nur nett und angepasst sind. In der Gemeinde dagegen hält man an diesem herkömmlichen Frauenbild gerne fest, ist es doch für die Gemeinschaft von großem Nutzen. Der Frau, die so lebt, sichert es größtmögliche Beliebtheit und so zieht auch sie aus diesem Wechselspiel ihren Gewinn. Solche Frauen sind bequeme Zeitgenossen, sind für alles zu haben und vor allem – nett.

Wie oft schwieg und lächelte ich und machte die Faust in der Tasche, wenn andere meine Grenzen überschritten.

Wie oft schwieg und lächelte ich und machte die Faust in der Tasche, wenn andere meine Grenzen überschritten. Ich weinte, wenn man mich angriff, anstatt meinen Gegner mit ein paar deftigen Worten zusammenzustauchen und in seine Schranken zu weisen. Ich gab viel und forderte wenig. Ich hatte keine Kanten, an denen man sich stoßen konnte: Mit mir konnte man es gut aushalten – nur ich selbst kam mit mir immer weniger klar.

Es geht nicht darum, zu einer emanzipierten Furie zu mutieren, die als Gemeindeschreck durch die Reihen fegt. Es geht darum, gesund zu werden. Die gesunde nette Frau ist warmherzig und teilnahmsvoll und tritt doch bestimmt auf. Sie kennt ihre eigenen Grenzen und lehrt sich und andere diese Grenzen zu respektieren. Sie hat ein starkes Selbstwertgefühl und nimmt es mit Humor und Gelassenheit, wenn andere mit ihrem Denken und Handeln nicht einverstanden sind. Dennoch bleibt sie für Korrektur offen. Sie nimmt sich selbst, ihre eigenen Bedürfnisse, ihre Fähigkeiten und Begabungen wahr und schafft dafür in sich selbst und in ihrem Umfeld weiten Raum. Sie sorgt gut für sich und übernimmt die volle Verantwortung für ihr Leben. Wie können Sie als Frau in dieses Bild hineinwachsen?

Indem Sie wieder ein Gespür für Ihre Gedanken, Wünsche und Bedürfnisse bekommen. Manche von uns ist so sehr daran gewöhnt, immer nur an andere zu denken, dass sie sich selbst gar nicht mehr richtig wahrnimmt. Buddeln Sie sich selbst wieder aus und tun Sie das, was Sie schon immer gerne tun wollten oder früher gerne getan haben. Sie werden sich wundern, was Ihnen auf einmal alles einfällt. Dehnen Sie ihren Lebensraum wieder aus und nehmen Sie das Land ein, das Gott Ihnen geben möchte. Ein Gespür für sich selbst zu bekommen heißt auch, dass Sie lernen, warnende Impulse ernst zu nehmen. Wenn Sie meinen, bestimmte Situationen oder Menschen schaden Ihnen, dann schauen Sie, dass sie wegkommen. Gehen Sie weg und verharren nicht, nur um anderen einen Gefallen zu tun. Später werden Sie stabil genug sein, solche Situationen auszuhalten, weil Sie dann gelernt haben werden, sich zu wehren.

Aktiv werden

Lernen Sie »Nein« zu sagen! Was für andere eine Selbstverständlichkeit ist, ist für die zu nette Frau eine Horrorvorstellung. Durch ein »Nein« könnte sie ja ihren Status als nette Frau verlieren. Sie meint, andere würden dann schlecht über sie denken und sie nicht mehr mögen. All das passiert aber meistens gar nicht, im Gegenteil: Ein Mensch, der seine Grenzen für andere deutlich sichtbar zieht und sie mit Würde vertritt, bekommt meistens mehr Achtung und Respekt entgegengebracht als jemand, der »den Hampelmann« spielt. Üben Sie mit kleinen Schritten. Sie werden merken, dass ein »Nein« nicht gleich einen Weltuntergang bedeutet. Wenn Sie das nächste Mal um einen Dienst gebeten werden und denken: »Mensch, eigentlich ist mir das zu viel«, dann nehmen Sie sich ernst, nehmen Sie diesen ersten Gedanken auf und sagen: »Nein«. Sicher findet sich auch eine andere Lösung. Und wenn sich keine findet, müssen wir lernen, auch das auszuhalten. Hört sich das in Ihren Ohren sehr egoistisch an? Wenn Sie diesen Prozess mit Jesus durchleben, wird er schon darauf achten, dass Sie nicht ins andere Extrem fallen. Das Problem des »lieben Mädchens« ist, dass sie auf die Zustimmung und Anerkennung anderer fixiert ist und so zu deren Spielball wird. Wenn *Sie* diesen oder jenen Haarschnitt, dieses Make-up, dieses Kleidungsstück schön finden – dann mal los. Bei solch banalen – und für uns Frauen doch so wichtigen – Dingen fängt es an. Hören Sie auf, sich immer zu fragen: »Werden die anderen mit mir einverstanden sein, werde ich ihnen gefallen?« Hauptsache Sie gefallen sich selbst. Dazu können Sie immer stehen. Sie müssen ja vielleicht bei Ihrem nächsten Gottesdienstbesuch nicht gerade mit blau gefärbten Haaren in der ersten Reihe sitzen.

Zum Schluss dieses Kapitels muss ich Ihnen noch ein Geständnis machen. Ich dachte, ich hätte die Sache mit dem »lieb und nett« sein schon ganz gut im Griff, als ich diesen Monat noch einmal einen richtigen Treffer gelandet habe. Nach einer größeren evangelistischen Aktion in unserer Gemeinde, bei der auch ein sehr gut besuchtes Kinderprogramm lief, wurde jemand gesucht, der diese Kinderarbeit fortführen konnte. Ehrlicherweise muss ich sagen, dass *niemand* erwartete, dass ich diejenige sein könnte, die diesen Job übernehmen würde. Aber als sich sonst niemand fand, sah ich mich genötigt, »hier« zu schreien. Und das, obwohl ich weder Zeit, einen Auftrag von Jesus noch die für solch eine anstrengende Arbeit nötige Power hatte. Nun denke ich nicht, dass wir für alle Arbeiten immer einen gesonderten Auftrag von Jesus brauchen. Wenn Jesus in uns lebt, ist oft die Not, die wir sehen und die uns zum Handeln treibt, schon Auftrag genug. Aber die aufopferungsvollen Typen unter uns müssen an dieser Stelle sehr aufpassen und in meinem Fall war dieser Schritt, wie ich im Nachhinein schmerzlich erleben musste, definitiv nicht dran. Aber das aufopferungsvolle und liebe Mädchen in mir war von der Kette gelassen und war durch nichts aufzuhalten. Erst als sich wieder die typischen Symptome eines »zu viel«

bei mir einstellten, kam es auf allen vieren zurück gekrochen und leckte seine Wunden. Also – Sie sehen, ich stecke auch noch immer oder immer wieder mitten im Lernprozess.

Angst frisst die Seele auf

Das tut sie wirklich. Angst ist eines der bedrohlichsten Gefühle, die wir haben können. Und wenn wir sie gewähren lassen, nimmt sie immer mehr Raum ein und lässt unseren eigenen Lebensraum immer mehr schrumpfen. Ich spreche hier nicht von normaler und gesunder Angst, die jeder von uns in brenzligen Situationen empfindet (und auch empfinden muss), sondern von einer Angst, die zu etwas Krankhaftem umschlägt. Wenn Sie von Angst und Panikattacken gequält werden, lassen Sie mich Ihnen zunächst einmal sagen: Auch wenn es nicht so aussieht, aber Sie sind wirklich und wahrhaftig nicht allein!

Angst ist eines der bedrohlichsten Gefühle, die wir haben können.

Als »das« bei mir losging, sprach ich in unserem Freundes- und Bekanntenkreis sehr offen über diese Angstzustände. Das tat ich zum einen, weil ich in meiner Kindheit so viel Geheimniskrämerei erlebt habe, dass es für den Rest meines Lebens reicht. Zum anderen vertrete ich die Ansicht, dass uns im Umgang miteinander Offenheit immer gut tut. Wir haben lange genug immer nur getan als ob. Hören wir auf damit.

Auf Anhieb erzählten mir daraufhin mehrere Frauen, dass sie ähnliche Probleme hatten oder haben, was für uns alle sehr hilfreich war. Und das war wahrlich nicht die Sorte Frauen, von denen ich Probleme in dieser Richtung erwartet hätte. Je offener wir über unsere Defizite reden, umso mehr verlieren sie ihre Macht über uns, denn bei Licht besehen entpuppt sich so mancher Riese als lächerlich kleiner Zwerg.

Ich kann nicht mehr

Als ich das erste Mal mit einer richtigen Panikattacke in Berührung kam, geschah das, als wir uns als Familie in einer recht schwierigen Lebenssituation befanden. Die Gemeinde, in der mein Mann damals seinen Dienst als Pastor ausübte, entpuppte sich immer mehr als ein Ort, an dem wir sehr unglücklich waren und der immer weniger zu unserem geistlichen Profil passte. Immer sehnlicher wünschten wir uns eine neue Gemeinde und beteten dafür – aber nichts geschah. Schließlich gibt es in unseren Kreisen kein Blättchen mit Stellenanzeigen oder Rubriken wie »Pastoren suchen neuen Wirkungskreis«. Auf verschlungenen Wegen erfuhren wir dann doch von einer Gemeinde, die einen Pastor suchte und beschäftigten uns mit der Stellenbeschreibung. Dabei hatten mein Mann und ich sofort ein ungutes, mulmiges Gefühl. Irgendwie hörte sich das alles wieder sehr traditionell und gesetzt an – genau das, was eigentlich gar nicht zu uns passte und was wir auf gar keinen Fall wollten. Das war unser erster Impuls. So ließen wir die Sache erst einmal auf sich beruhen. Ob es die Angst vor der Arbeitslosigkeit war oder die beredten Worte anderer, die meinten, wir sollten nicht so verbohrt sein und sollten dieses Angebot doch zumindest einmal prüfen – jedenfalls fuhren wir doch zu einem Austausch- und Vorstellungsgespräch in diese Gemeinde. Mittlerweile hatte ich diesen ersten Impuls gänzlich unterdrückt. Ich war der Überzeugung (warum auch immer), dass wir mit jeder Gemeindesituation irgendwie fertig werden würden und dass auch ultrakonservative Gemeinden ihre Stärken und das Potenzial zur Veränderung hätten.

Dass ich mich in der derzeitigen Gemeinde schon völlig verausgabt hatte, bis zum Umfallen versucht hatte, mit Schieben und Zerren den Karren aus dem Dreck zu ziehen, hatte ich völlig vergessen. Meine Sehnsucht nach einer geistlich lebendigen, vitalen und unkonventionellen Gemeinde hatte ich begraben. Ich wollte jetzt nur noch weg und zwang mich, ausschließlich das Positive an der neuen Gemeinde zu sehen. Bei dieser ersten Begegnung lief ich zur Höchstform auf. Weil ich weiß, dass in unseren Gemeinden die Pastorenfrau bei einer Berufung eine – nicht kleine – Rolle spielt (schließlich soll sie später als unbezahlte Zweitkraft mitarbeiten), öffnete ich meinen Bauchladen und präsentierte bereitwillig alles, was ich so anzubieten hätte. Ich spielte perfekt die Rolle des »lieben Mädchens«, bereit, alles zu tun, was man von mir forderte und präsentierte mich als jemand, der garantiert zu nichts und niemandem »Nein« sagen würde. Das alte Denken »Wenn ich mich nur genug anstrenge und mir ganz viel Mühe gebe, wenn ich gar nichts für mich fordere und stattdessen bereit bin, alles zu geben, dann wird alles gut« hatte voll zugeschlagen. Ich kann Ihnen sagen, nach dieser Vorstellung war ich fix und fertig. Hundemüde fuhren wir nach Hause und fielen erschöpft ins Bett.

Und da ging's plötzlich los. Ich hatte Herzrasen, meinte, keine Luft mehr zu bekommen, fror wie ein Schneider und zitterte am ganzen Leib. Dabei überfiel mich eine nie gekannte Panik und regelrechte Todesangst. Das Beängstigende an dieser Situation war, dass ich das Gefühl hatte, das ganze »Ding« entzöge sich gänzlich meiner Kontrolle. Mein Körper und meine Psyche machten, was sie wollten. Weil ich nicht mehr ruhig liegen bleiben konnte, stand ich auf und lief wie ein eingesperrtes Tier hin und her. Ich dachte, vielleicht würde mir ein heißes Bad Entspannung und vor allem wieder Wärme bringen, aber kaum tauchte ich in das warme Wasser ein, fuhr ich auch schon wieder wie von der Tarantel gestochen hoch. An Entspannung war nicht zu denken. Ich hatte vielmehr Angst, in der Wanne völlig zu kollabieren und in zwanzig Zentimeter Wasser jämmerlich zu ertrinken. Irgendwann weckte ich meinen Mann und bat ihn, den Notarzt zu rufen. Zu diesem Zeitpunkt wusste ich noch nicht, dass es sich um eine Reaktion meiner Psyche handelte, vielmehr sah ich mich am Rande eines körperlichen Zusammenbruchs. Den Notarzt könnte ich heute noch zum Mond schießen. Der hielt es nicht für nötig, seinen Bereitschaftsdienst zu unterbrechen (wahrscheinlich guckte er gerade einen spannenden Krimi), sondern meinte nur, da könne man nichts machen, mein Mann solle mal Baldrian aus der Apotheke holen und mir selbiges verabreichen. Jeder Laie weiß, dass Baldrian nur langfristig eingenommen seine Wirkung entfaltet und als Medikament zur Behebung akuter Beschwerden gänzlich ungeeignet ist. Dieser Mensch war wahrhaftig keine Zierde seiner Zunft! Nachdem wir das Zeug geholt hatten, nahm ich eine gute Portion und legte mich auf die Couch. Ins Bett kriegten mich keine zehn Pferde mehr und auch das Licht musste die ganze Nacht über brennen. Da ich Panik vorm Alleinsein hatte, legte mein Mann sich dankenswerterweise mit Schlafsack und Isomatte neben mich. An Schlaf war nicht zu denken. Die akute Panik ebbte zwar langsam ab, aber die Wirkung des Adrenalins in meinem Blut zeitigte noch lange seine Wirkung. In den nächsten Tagen traute ich mich außerdem aus Angst vor einer Wiederholungssituation kaum einen Schritt über die Schwelle. Ich war irgendwie völlig aus dem Gleis geraten.

Keine Kompromisse

Zum Glück fand ich sehr schnell eine kompetente Beratung, so dass ich mich nicht monatelang unwissend mit diesem Phänomen auseinandersetzen musste, sondern sehr bald über Zusammenhänge und Hintergründe informiert war. Das unterstützte ich noch, indem ich mir jede Menge gute Literatur über Angst und ihre Symptome besorgte.

Und genau das möchte ich Ihnen, wenn Sie eine Betroffene sind, wärmstens empfehlen. In diesem Fall stimmt es wirklich, dass Wissen Macht ist. Wenn Sie gegen einen Feind kämpfen wollen, müssen Sie zuerst über seine Vorgehensweise und Taktik Bescheid wissen. Sie müssen auskundschaften, welche Ziele er verfolgt und mit welchen Mitteln er diese Ziele zu erreichen versucht. Wenn sie die Angst in Ihrem Leben besiegen oder zumindest beherrschen wollen, müssen Sie mit ihrer Vorgehensweise und den Auslösern vertraut sein. So entdeckte ich, dass es bei mir in erster Linie zwei Auslöser gab. Der eine ist ein völlig überhöhtes Stressniveau. Wie ich schon erwähnte, hatte ich mich in der damaligen Gemeinde total verausgabt. Leider blieb das ohne jede Wirkung. Solch ineffektive Arbeit bewirkt ein totales Ausbrennen der Seele. Dazu kam die anstrengende Zeit mit vier kleinen Kindern, die ich vielfach allein bewältigen musste. Eine schwierige Wohnsituation tat das ihre dazu. Dann noch die belastende Phase einer neuen Stellensuche, der Gedanke an einen großen Umzug – und das Fass lief über. Meine Seele streikte. Für mich heißt das bis heute, dass ich, wenn ich diese Panikattacken nicht heraufbeschwören will, extremen Stress meiden und mir immer wieder Ruhe und Auszeiten einbauen muss. Wenn ich mich nicht daran halte, springt die Ampel plötzlich auf »rot« und ich *muss* die Bremse ziehen. Insofern nimmt die Angst nur ihre ureigenste Aufgabe wahr, nämlich mich vor größerem Unheil zu schützen. Durchaus etwas Positives.

Das andere war eigentlich auch etwas Positives. Ich entdeckte, dass diese extremen Angstgefühle (die hier beschriebene Situation war leider nicht die einzige und letzte) häufig dann einsetzten, wenn ich meine Grenzen nicht beachtete und anfing, viel zu viel von mir zu veräußern. In der beschriebenen Situation war mein erster und eigentlich auch recht starker Impuls gewesen, dass diese Gemeinde nicht zu uns passen würde. Mein Inneres schrie ein deutliches »Nein« und wollte damit eine deutliche Grenze ziehen. Ich aber walzte diese Grenze, die mich vor einem Fehler schützen sollte, nieder. Meine Seele nutzte nun ihre letzte Chance um sich bemerkbar zu machen: sie zog die Notbremse und machte mich handlungsunfähig. Durch dieses extreme Signal sah ich mich außerstande weiterhin gute Miene zum bösen Spiel zu machen und war gezwungen, endlich zu dem zu stehen, was ich eigentlich wollte und was nicht.

Das führte dazu, dass wir uns nicht mehr auf faule Kompromisse einließen, sondern ein klares Profil im Bezug auf unsere Wünsche und Vorstellungen in Sachen Gemeindearbeit gewannen. Heute hat Gott uns in eine wunderbare Gemeinde gestellt, die wie keine andere zu uns passt und in der wir uns sehr wohl fühlen. Nicht auszudenken, wenn meine Seele damals nicht deutlich »Halt« geschrien hätte. Wir wären wahrscheinlich direkt vom Regen in die Traufe gekommen.

Insofern ist das Bild von der Angst als Feind nicht ganz richtig. Wenn ich die Angst nicht bekämpfe, sondern sie vielmehr frage, was sie mir sagen will, nehme ich ihr schon viel Wind aus den Segeln. Denn dann hat sie ihren Zweck erfüllt: Ich schaue mir Missstände in meinem Leben an und verleugne oder verdränge sie nicht länger. Die Seele braucht keinen Gewaltakt mehr, um mich auf diese Dinge aufmerksam zu machen. Schauen Sie sich an, wann in Ihrem Leben diese Panikattacken auftreten und versuchen Sie zu ergründen, was Sie bzw. Ihre Seele damit bezweckt oder Ihnen mitteilen will. Ich kannte eine Frau, die immer beim Einkaufen Panikattacken bekam. Das wurde so schlimm, dass sie nicht mehr in der Lage war, allein ein Geschäft zu betreten. Das Ergebnis? Ihr Partner, ein vielbeschäftigter Mann, der kaum Zeit für sie hatte, war gezwungen, immer mit ihr zu gehen.

Nun wäre es ganz schlecht, an diesem Punkt stehen zu bleiben und Angst als Druckmittel zu benutzen um unser Umfeld zu manipulieren. Wenn wir nicht aufpassen, passiert das schneller und häufiger als wir denken, und wir gewöhnen uns das als »Marotte« an.

Aber die Angst war in diesem Fall für sie ein nicht mehr zu übersehendes Signal, dass mit ihrer Beziehung etwas nicht stimmte. Sie brauchte mehr Zeit und Aufmerksamkeit von ihrem Mann und beide erkannten, dass sie dringend etwas unternehmen mussten.

Als ich wusste, warum diese Angst in mein Leben getreten war, konnte ich mich den Fragen »Was läuft in der konkreten Situation ab?« und »Wie kann ich mir helfen?« stellen. Wenn wir solch eine Situation einmal erlebt haben, entwickeln wir schnell eine Angst vor der Angst. Das heißt, wir vermeiden Situationen, von denen wir befürchten, sie könnten Auslöser für einen Angstanfall sein. Das ist aber genau der verkehrte Weg, weil wir der Angst damit immer mehr Raum geben und ihr erlauben, sich so weit auszubreiten, dass wir uns am Ende nicht einmal mehr vor unsere eigene Haustüre trauen. Der Weg aus der Angst führt immer mitten durch die Angst hindurch. Einen Weg an dieser Grundwahrheit vorbei gibt es nicht. Jede Vermeidungsstrategie scheint zwar vorübergehend Erleichterung zu bringen, auf Dauer verschlimmert es die Situation aber nur. Versuchen Sie, angstauslösende Situationen durchzustehen.

Der Weg aus der Angst führt immer mitten durch die Angst hindurch.

Keine Panik!

Ein kleiner Trost: Panikattacken dauern nicht ewig und gestorben ist meines Wissens auch noch niemand daran. Es liegt ja kein organischer Grund vor (wie etwa ein Herzfehler), sondern unsere Psyche spielt verrückt. Und das geht vorbei. In unserem Körper ist ein Schutzmechanismus eingebaut, der nicht zulässt, dass sich das Angstniveau bis ins Endlose steigert. Irgendwann steuert der Körper gegen, und dann haben Sie die Panikattacke schon fast überwunden. Nutzen Sie dieses Wissen, um sich selbst in der entsprechenden Situation zu beruhigen. Je mehr Wissen Sie der Angst entgegenzusetzen haben, je gelassener und cooler Sie damit umgehen, umso weniger kann das Gefühl »ich schaff das jetzt nicht« oder »gleich kipp ich um« oder »ich bekomme gleich einen Herzschlag« Fuß fassen.

Was allerdings zurückbleibt und ein Gefühl des Überdrehtseins verursacht, ist der erhöhte Adrenalinspiegel im Blut. Bei einer Angstattacke erzeugt der Körper die gleichen Symptome, die ein Mensch in plötzlicher Todesgefahr erlebt. Alles wird zur Flucht mobilisiert. Man nennt das die Kampf-Flucht-Reaktion. Die Menschen in früheren Zeiten, die noch sehr viel mehr Zeit in der freien Natur verbrachten, waren auf diese Reaktion stark angewiesen. Nahte Gefahr durch einen Wolf oder sonst ein Ungetüm, mussten sie in der Lage sein, blitzschnell zu reagieren entweder anzugreifen oder zu fliehen. Automatisch traten die Symptome auf, die wir in Panikattacken ebenfalls verspüren, z. B. beschleunigter Herzschlag und schnelle Atmung, um zur Leistungssteigerung möglichst schnell und möglichst viel Sauerstoff in die Gefäße zu pumpen. Alles machte mobil für Flucht oder Angriff. Damit eine außergewöhnliche Leistung vollbracht werden konnte, brauchte der Körper das ganze Adrenalin im Blut. Dieses Wissen sollten Sie sich zu Nutze machen.

Sie müssen ja nicht auf einen Baum klettern, aber versuchen Sie, den Adrenalinstoß so schnell wie möglich in Bewegung umzusetzen, und Sie werden sich schneller wieder normal fühlen. Wenn Sie sich bewegen, wird das Adrenalin schneller wieder abgebaut sein, als wenn Sie sich nur auf die Couch legen. Gehen Sie Walken oder Joggen, drehen Sie eine Runde mit dem Fahrrad oder tun Sie etwas ähnliches. Irgendetwas – nur bewegen Sie sich. Ich habe mal mitten in der Nacht äußerst anstrengende gymnastische Übungen gemacht, bis ich das Gefühl hatte, den Adrenalinschub ausreichend abgebaut zu haben.

Eine weitere Hilfe, um »gut« durch Panikattacken hindurchzukommen bestand für mich vor allem anfangs darin, immer einen Fluchtweg offen zu lassen. Das Gefühl, aus einer Situation nicht fliehen zu können, erzeugt unnötigen Druck und provoziert so die Angst. Ich erlebe bevorzugt beim Frisör Panikattacken. Ich kann Ihnen auch genau sagen, warum. Dort sitze ich bepackt mit Alufolie und jeder Menge Chemie auf dem Kopf auf meinem Stuhl und gleiche damit eher einem Außerirdischen als einem Menschen. Dann schleichen sich schnell

Gedanken in den Kopf wie: »Du *musst* jetzt hier aushalten. Du kannst jetzt unmöglich mit dem ganzen Zeug auf dem Kopf hier raus«. Dieses »du musst« löst so einen Druck in mir aus, dass sofort Panik in mir hochsteigt. Und schon fängt das Herzrasen an. Für den Notfall hat mein Arzt mir ein Beruhigungsmittel mit sofortiger Wirkung verschrieben. Bei meinem Horror vor Abhängigkeit habe ich es fast nie gebraucht. Die Packung ist jetzt, nach vier Jahren, immer noch fast voll. Ich habe es trotzdem immer bei mir, weil das Wissen, dass ich das Medikament nehmen kann, wenn es gar nicht mehr anders geht, der Panik sofort ein Ende bereitet. In anderen Situationen habe ich mir andere Fluchtwege offen gehalten. Im Kino setzte ich mich stets an den Rand und zu vielen Veranstaltungen fuhren wir anfangs getrennt mit zwei Autos. So wusste ich: Zur Not kannst du jederzeit hier weg, ohne großes Aufsehen zu erregen und ohne von jemandem abhängig zu sein. Diese Selbstüberlistung gab mir die Freiheit, brenzlige Situationen auszuhalten, ich *konnte*, aber ich *musste* nicht. Der Druck war aus der Situation genommen.

Aktiv werden

Wie in vielen schwierigen Situationen hilft Humor und Lachen auch hier ein gutes Stück weiter. Es entkrampft und gibt uns die Möglichkeit, uns über die Situation zu erheben. »Da kommt ja wieder meine nervige, alte Bekannte, Frau Angst. Du liebe Zeit, wie die schon wieder aussieht. Mal sehen was die jetzt schon wieder von mir will. Was? Ich soll jetzt mal wieder einen Angstanfall bekommen? Na, dann sehen wir mal zu, was sich machen lässt. Wenn ich mir ganz viel Mühe gebe, kriege ich vielleicht etwas Ordentliches hin. Am besten so richtig bühnenreif, mit Umfallen, Krankenwagen und allem Drum und Dran ... «

Denken Sie jetzt, ich bin total durchgeknallt? Keine Sorge, diese Methode ist ein gängiges therapeutisches Mittel und nennt sich »paradoxe Intention«. Diese wird gerade bei Panikattacken erfolgreich eingesetzt. Normalerweise versuchen wir, gegen die Angst zu kämpfen, verdrängen Bilder, versuchen krampfhaft an etwas anderes zu denken, verspannen dabei immer mehr und steigern uns somit immer weiter in die Angst hinein. Bei der paradoxen Intention tun Sie genau das Gegenteil. Sie versuchen, die Angst möglichst mit Witz, Einfallsreichtum und maßloser Übertreibung auf den Plan zu rufen, bitten sie förmlich herbei und erleben dann – und das ist das Paradoxe – genau das Gegenteil. Je mehr Sie die Angst bitten, sich möglichst dramatisch in dieser Situation bemerkbar zu machen, desto mehr scheint sie die Lust daran zu verlieren und verdrückt sich irgendwann. Sie haben sie ausgetrickst. Ein etwas ungewohntes und unkonventionelles Mittel, das aber eine große Wirkung zeigt.

Auch am Ende dieses Kapitels kann ich Sie nur wieder ermutigen, über das, was Sie quält, zu sprechen. Mit einer Freundin etwa, einem Seelsorger oder mit einem Arzt. Gerade Angststörungen lassen sich – wenn man erst einmal durchschaut, wie sie funktionieren – gut und erfolgreich behandeln. Nur Mut!

Der Rückzug in die Dunkelheit

Wenn wir in unserer Kindheit aus den unterschiedlichsten Gründen unter hohem emotionalen Druck standen und keinen Weg fanden, diesen Druck abzubauen, sucht er sich andere Ventile. Kinder aus gestörten Familien sind Künstler darin, ihre Wut und ihren Zorn herunterzuschlucken. Zum einen waren wir so damit beschäftigt, das Stressniveau in der Familie niedrig zu halten, dass für eigene negative Gefühle gar kein Raum war, geschweige denn, dass wir uns getraut hätten, damit die Familie zusätzlich zu belasten. Zum anderen waren wir der

Überzeugung, selber Mitverursacher der schlechten Situation zu sein, so dass wir gar nicht auf die Idee gekommen wären, Zorn oder Wut auf unsere Eltern seien berechtigt. In einem Umfeld, in dem Verleugnung im Umgang mit Konflikten ein normales Verhaltensmuster war, übernahmen wir dieses Muster als Lösungsmodell für die Bewältigung unangenehmer Gefühle. Wir erklärten Zorn- und Wutgefühle einfach als nicht existent. Haben wir uns dann als Erwachsene nicht von diesem System wegentwickelt, sondern eher noch andere Verhaltensweisen übernommen, die dieses Muster zusätzlich unterstützten (z.B. ein liebes Mädchen sein), kann es sein, dass wir mächtig viel Probleme mit Zorn- und Wutgefühlen bekommen. In uns wehrt sich etwas gegen das uns zugefügte Unrecht, wir fühlen uns hilf- und wehrlos der Stärke anderer ausgeliefert. Wir fühlen uns als Opfer.

Irgendwann müssen wir uns der Tatsache stellen, dass in uns ein Haufen unverarbeiteter Aggressionen stecken, die sich kaum noch bändigen lassen.

Ich armes Opfer

Opfer sind immer Menschen mit einem hohen Aggressionspotential. Mich hat es sehr betroffen gemacht, als ich hörte, dass die Männer, die unter der Diktatur Ceausescus in Rumänien in den Gefängnissen Häftlinge folterten und zu Tode quälten, Männer waren, die ihre eigene Kindheit in irgendwelchen Kinderheimen unter nicht gerade besten Bedingungen verbracht hatten. Solche Männer wurden gezielt für diese niedere und menschenunwürdige »Arbeit« herangezogen. Sie waren selber Opfer gewesen, ihnen war nie Liebe und Zuwendung entgegengebracht worden, und sie verfügten über ausreichend Hass und Aggression, um diese grausamen Dinge zu tun.

Irgendwann müssen wir uns der Tatsache stellen, dass in uns ein Haufen unverarbeiteter Aggressionen stecken, die sich kaum noch bändigen lassen. Bleiben wir dann bei unserem altbewährten Muster der Verleugnung (»das ist doch gar nicht so schlimm«), der Selbstanklage, Scham und Schuldgefühle (»was bist du nur für ein Mensch, dass du so wütend wirst«), fangen wir an, diesen Zorn gegen uns selbst zu richten. Wir ziehen uns in die Dunkelheit zurück und marschieren geradewegs in eine Depression. Dieser Rückzug in die Dunkelheit ist kein bewusster Schritt, aber unsere Seele bringt das zum Ziel, was wir in unserem Bewusstsein begonnen haben. Wir richten die Wut gegen uns selbst, suchen alle Schuld bei uns, verneinen und verweigern das Leben und üben, völlig irregeleitet, Rache an uns selbst, damit andere merken, wie übel sie uns mitgespielt haben.

> Wenn unser Leben in erster Linie aus Anpassung und Nachgiebigkeit besteht, dann staut sich eine ungeheure Wut in uns auf.

Als ich meinem Arzt erzählte, dass ich unter Depressionen litt, sah er mich an und sagte: »Sagen Sie mal, auf wen sind Sie denn eigentlich so wütend und zornig?« An dieser Frage und an seiner Erklärung, dass Depressionen nichts anderes als nach Innen gerichteter Zorn seien, hatte ich eine Weile zu kauen. Nun denke ich schon, dass Depressionen auch andere Hintergründe haben können, die ich hier nicht alle abhandeln kann. Aber Fachleute haben tatsächlich festgestellt, dass depressive Menschen immer auch zutiefst zornige Menschen sind, auch wenn das auf den ersten Blick wie ein Widerspruch in sich aussieht. Nur haben sie nicht gelernt, diesem Zorn angemessenen Ausdruck zu verleihen. Kommt dann noch, wie bei mir, das Modell eines Elternteils dazu, der uns Lebensverneinung und Rückzug aus dem Leben vorlebte und von dem wir nicht lernten, mit Trauer, Schmerz und Zorn offensiv und lebensfördernd umzugehen, ist das Abrutschen in Depressionen vorprogrammiert.

Um die Hauptursache von Depressionen, den falschen Umgang mit Zorn und Wut, soll es in diesem Kapitel gehen. Wenn wir aus den anfangs genannten Gründen nicht gelernt haben, auszudrücken, was wir wollen und was nicht, wenn wir nicht gelernt haben, unsere Grenzen deutlich zu ziehen und auch zu verteidigen, wenn unser Leben in erster Linie aus Anpassung und Nachgiebigkeit besteht, dann staut sich eine ungeheure Wut in uns auf, weil wir uns als Opfer unserer Umgebung fühlen.

Es kommt dann entweder zu Wutausbrüchen, die uns richtig Angst machen, weil wir das Gefühl haben, total die Kontrolle über uns zu verlieren oder aber wir richten diese Wut gegen uns selbst und werden an Leib und Seele krank.

Ich fresse alles in mich hinein

Viele Frauen, die ich kenne, leiden an körperlichen Symptomen wie permanenten Kopf- oder Rückenschmerzen, Verspannungen, oder Verdauungsbeschwerden. Andere leiden an Symptomen der Seele wie z. B. Depressionen oder Essstörungen. Und bei einem Großteil dieser Frauen liegt – das behaupte ich jetzt mal – die Ursache in Zorn und Wut, die sie in sich »hineinfressen«.

In der Hauptsache handelt es sich dabei um Wut über die Menschen, die uns emotional am nächsten stehen, von denen wir uns am stärksten verletzt fühlen, gegen die wir uns aber auch am schwersten zur Wehr setzen können, weil wir meinen, das dürften wir nicht. So zum Beispiel der Partner, die Eltern oder Schwiegereltern, die eigenen Kinder und vielleicht auch Menschen in der Gemeinde, wenn wir denn hier sehr stark verwurzelt sind. Um den Konflikt zu vermeiden, um sich selbst und den eigenen Anspruch auf Lebensraum dem anderen nicht zuzumuten, verleugnen diese Frauen ihre eigenen Bedürfnisse – und werden krank. Sie wollen die Harmonie um jeden Preis aufrechterhalten. Der Preis, den sie in diesem Fall zahlen, ist sehr hoch. Sie zahlen mit dem Verlust ihrer Grenzen, ihrer Gesundheit und ihrer Identität. Wenn es hart auf hart kommt, entscheiden sie sich lieber für die anderen, gegen sich selbst. Je stärker sie sich dessen bewusst werden, desto mehr geraten sie in eine selbstzerstörerische Opferhaltung und verbittern. Sprüche wie: »Mit mir kann man's ja machen« oder »Alle trampeln nur auf mir herum« hört man in dieser oder ähnlicher Form von solchen Frauen oft. Vielleicht fühlen sie sich sogar noch ganz tugendhaft dabei, aber sich selbst zu zerstören ist ganz und gar keine Tugend. Christliche Frauen sind hier besonders gefährdet, da sie oft fälschlicherweise annehmen, dieses Verhalten sei von Gott gewollt.

Als Frauen neigen wir sowieso auf Grund unserer Veranlagung und unserer Erziehung zu übertriebener Nachgiebigkeit und dazu, die Bedürfnisse anderer immer über unsere eigenen zu stellen. Aber wenn wir dann als Christen noch einschlägige Botschaften verinnerlicht haben, bekommen wir doppelt Probleme. Die innere Aggression in uns wächst und wächst. Entweder »platzen wir dann vor Wut« oder wir »fressen alles in uns hinein«. Oft vermischen sich diese beiden Verhaltensmuster aber auch oder wir fallen von dem einen ins andere. Dann entsteht ein Kreislauf, der sich immer wieder selbst beschleunigt.

Ich könnte platzen vor Wut!

Mir geht das in der Familie besonders im Umgang mit meinen Kindern so. Ich bin was meine Erziehung angeht, eher der nachgiebige, verständnisvolle und einfühlsame Typ. Ich weiß vom Kopf her sehr wohl, dass eine konsequente Erziehung, die die Kinder die natürlichen Folgen ihres Handelns spüren lässt, sehr wichtig ist. Und ich weiß auch, dass sie wissen müssen, wo meine und ihre Grenzen sind und dass sie lernen müssen, diese zu akzeptieren. In der Praxis ist es aber so, dass sie meine Grenzen oft überschreiten und ich sie gewähren lasse, weil ich den Konflikt scheue. Das schaukelt sich so lange hoch, bis ich explodiere, und es im wahrsten Sinne des Wortes knallt. Ich hoffe, sie pfeffern dieses Buch nicht in die Ecke und hetzen mir das Jugendamt auf den Hals, wenn ich Ihnen hier gestehe, dass es in solchen Situationen schallende Ohrfeigen, heftige verbale Entgleisungen und andere unschöne Verhaltensweisen meinerseits gibt. Dann fühle ich mich schuldig und schlecht, weil ich mich so unmöglich verhalten habe und rutsche ab in Selbstanklage und Selbstvorwürfe. Um mein Fehlverhalten auszubügeln neige ich dann dazu, wieder besonders nett, aber leider auch wieder übertrieben nachgiebig im Umgang mit meiner Brut zu sein. Bei wiederaufkeimender Wut schlucke ich diese runter, um einen erneuten Ausbruch meinerseits zu verhindern. Dieser Kreislauf ist der beste Nährboden für Depressionen.

Natürlich wird keiner allein auf Grund von Fehlern in der Erziehung depressiv. Aber meistens legen wir dieses Fehlverhalten nicht nur in einem Bereich an den Tag, sondern in vielen oder allen. Dann sind wir auf der Arbeit diejenige, die dauernd Überstunden macht, weil wir nicht in der Lage sind, ein klares, deutliches »Nein« zu sagen und in der Gemeinde sind wir die, die bei Konflikten schnell klein beigibt, um »des lieben Friedens Willen«. Wenn sich die gegenwärtigen Erfahrungen und Verhaltensmuster dann noch mit denen unserer Kindheit decken und wir Empfindungen wie Unterlegenheit, Wehrlosigkeit, Scham und Schuldgefühle reproduzieren, dann ist der Schmerz, den die Seele verkraften muss, zu groß und sie schreit auf ihre Weise »Halt!«.

> Ich wollte lernen, meine Wut als Warnsignal zu schätzen, welches mir deutlich macht, dass mir hier etwas völlig zuwider läuft.

Beides, das »vor Wut platzen« genauso wie das »in sich hineinfressen« führt in die Dunkelheit einer Selbstzerstörung und ist letztlich eine Sackgasse. Diese Wege sind auch deswegen eine Sackgasse, weil sie an dem grundsätzlichen Problem, nämlich dem, dass andere uns und unsere Grenzen nicht ausreichend respektieren, nichts ändern. Sind wir der »nette und nachgiebige« Typ, ist das offensichtlich. In Konflikten ziehen wir immer den Kürzeren, weil wir nicht in der Lage sind, klar und deutlich zu sagen, was wir wollen und was nicht. Aber auch die »Furie«, die überall rumkeift und Mann und Kinder ständig zur Schnecke macht, erntet letztlich keinen Respekt und keine Achtung ihrer Bedürfnisse. Auch wenn es zunächst so scheint, als könne sie sich bestens durchsetzen – der Schein trügt. Bei ihren Mitmenschen geht dieses ständige Gekeife irgendwann nur noch »da rein und da wieder raus«. Grundsätzlich geändert hat sich an der belastenden Situation dann nichts.

Ich wollte aus diesem Kreislauf aussteigen und neue Wege im Umgang mit meiner Wut finden, weil ich merkte, dass die alten sich nicht bewährt hatten, ja, mich sogar krank werden ließen. Ich wollte lernen, meine Wut als Warnsignal zu schätzen, welches mir deutlich macht, dass mir hier etwas völlig zuwider läuft. Ich wollte sie als Wegweiser nutzen, der mir anzeigt, in welche Richtung ich jetzt gehen muss bzw. wo es auf gar keinen Fall langgehen soll. Ich wollte ihre Kraft nicht mehr als etwas Bedrohliches und Zerstörerisches betrachten, sondern diese Kraft nutzen, um Missstände in meinem Leben nicht länger zu erdulden, sondern wirklich zu verändern.

So begann ich zu beobachten, in welcher Situation dieses heftige Gefühl auftauchte. Ich war überrascht, dass es gar nicht so viele verschiedene Auslöser gibt. Immer dann, wenn irgendjemand oder irgendetwas meine Pläne durchkreuzt oder aber meine Rechte verletzt werden, fängt es an, in mir zu rumoren. Außerdem macht mich wütend, wenn ich finde, dass meine Wünsche oder Bedürfnisse nicht angemessen befriedigt werden oder ich gezwungen bin, zu viel von mir aufzugeben.

Ein Beispiel: Ich bringe meine Jüngste ins Bett, lese ihr noch etwas vor, beantworte diverse Fragen zu Flora und Fauna, bete mit ihr und verlasse dann aufatmend das Zimmer, in der unberechtigten Hoffnung, nun meinen wohlverdienten Feierabend einläuten zu können. Ich bin noch nicht ganz unten, da schallt das erste »Maaaamaaaaa« durchs Haus. Und es wird nicht das letzte sein. Die Dame braucht noch etwas zu trinken, ihr ist zu heiß oder zu kalt, sie muss noch mal dringend ihre Blase entleeren und wenn gar nichts hilft, wird unter Tränen über eine namenlose Angst geklagt, verbunden mit der Behauptung, dass ganz sicher nur ein Platz im elterlichen Bett hier Abhilfe schaffen könne. An der Stelle habe ich, wenn auch nicht äußerlich, dann doch garantiert innerlich, schon Schaum vorm Mund. Mein Recht als Mutter, auch irgendwann einmal Feierabend zu haben, wird von diesem Kind schlichtweg mit Füßen getreten.

Oder: Ich gebe meinem Sohn die Anweisung, sein Zimmer aufzuräumen, bevor er Fußball spielen geht. Wenig später werfe ich eher zufällig einen Blick in seine Gemächer und weiche entsetzt zurück. Nur die Müllabfuhr unter Einsatz eines Schaufelbaggers könnte hier noch etwas ausrichten – wie auch immer, ich stehe kurz vor der Explosion, weil meine Wünsche einfach nicht respektiert, geschweige denn umgesetzt wurden.

Oder das: Wir machen einen grandiosen Ausflug in einen dieser spektakulären (und nicht eben billigen) Freizeitparks und verleben als Familie einen tollen Tag. Eigentlich müssten jetzt alle glücklich und zufrieden sein, aber was passiert auf der Rückfahrt? Auf der hinteren Bank wird unentwegt gezankt und bei unserer Weigerung, als krönenden Abschluss noch ein Fast-Food-Lokal anzusteuern (wir haben auch so schon genug Geld ausgegeben), versteigen sich die Kinder uns gegenüber zu Äußerungen, die den Eindruck erwecken, wir hätten sie den ganzen Tag bei Wasser und trocken Brot in den Keller gesperrt. Ich koche innerlich, weil mein ganzer Einsatz, ihnen einen schönen Tag zu bereiten und meine Bereitschaft, meine eigenen Bedürfnisse hinten anzustellen (*ich* hätte lieber im Garten die Beine hochgelegt), von ihnen völlig außer Acht gelassen wird.

Genug der Beispiele. Sie können sicherlich aus ihrem Leben noch etliche hinzufügen. Vielleicht geht es bei Ihnen auch gar nicht um Ihre Kinder, sondern um ihren Mann oder Kollegen auf der Arbeit oder einen Nachbarn, der Ihnen immer quer kommt.

Beobachten Sie die Situationen erst einmal, die in Ihnen Wutgefühle erzeugen. Hüten Sie sich aber davor, an dieser Stelle schon zu bewerten oder Ihren inneren Zensor auf den Plan treten zu lassen, der Ihnen sagen will, welche Gefühle richtig und welche falsch sind. Denn die Wut, die wir in solchen oder ähnlichen Situationen fühlen, ist erst einmal weder richtig noch falsch, weder berechtigt noch unberechtigt, weder bedeutungsvoll noch sinnlos. Sie ist einfach erst einmal da und will weder verdrängt noch tot diskutiert, sondern ernst genommen werden. Das ist wichtig, denn wir Frauen meinen oft, wir hätten kein Recht auf diese Wut oder sie wäre »falsch« und meinen, auch Gott würde über unsere Wut traurig und enttäuscht den Kopf schütteln. Ich gebe Ihnen einen Tipp: Lesen Sie mal die Psalmen, in denen es um Zorn, Wut und Aggressionen geht. Was die Verfasser in ihrem Zorn ihren Feinden an den Hals gewünscht haben – dagegen bin ich das reinste Lämmchen. Und Gott hat diese Tiraden weder kommentiert noch zensiert, sondern hat sie einfach so stehen lassen, als ein Zeugnis unserer Menschlichkeit. Dass Gott mich erst einmal so sein lässt, mich so annimmt und liebt und mir damit die Erlaubnis gibt, mich und meine Gefühle auch erst einmal so stehen zu lassen, entschärft diesen Zündstoff Wut in mir. Das lässt mich gelassener sein und gibt mir ein emotionales Polster, von dem aus ich dann an mir arbeiten kann.

Wir Frauen meinen oft, wir hätten kein Recht auf diese Wut.

Sein platter Reifen – mein Problem?

Ich möchte Ihnen noch ein Beispiel von mir erzählen, weil man an diesem sehr gut ein paar Dinge deutlich machen kann: Mein Sohn stellt nach der Schule fest, dass sein Fahrrad einen Platten hat. Meine Aufforderung, das Gefährt am Nachmittag zu reparieren, weil er sonst am nächsten Morgen zu Fuß gehen müsse, wird dezent überhört. Am nächsten Morgen kommt es, wie es kommen muss: Mein Sohn steht mit Dackelblick vor mir und fragt mit samtener Stimme, ob er denn eventuell und ganz ausnahmsweise mal mein Fahrrad benutzen dürfe. Für eine klitzekleine Spritztour zur Schule sozusagen. Die geforderte Reparatur sei gestern nicht mehr möglich gewesen, das müsste ich doch verstehen, schulische und sonstige Überbelastung seines stressgebeutelten Teenagerlebens und überhaupt ... Nett wie ich bin und weil ich am frühen Morgen gar nicht gerne Zeuge einer seiner Wutausbrüche werden möchte, gebe ich nach und merke noch im gleichen Moment, wie Verärgerung in mir hochkriecht. Zum einen, weil ich mich von ihm verschaukelt und nicht ernst genommen fühle, zum anderen, weil ich Blödmann dieses Spiel mitspiele und die Konsequenzen trage, die eigentlich seine Sache sind. Ich muss nun nämlich meine Einkäufe zu Fuß erledigen, bin verstimmt und fühle mich als armes Opfer.

Gehen wir diese Situation einmal durch. Am Anfang steht ein klar geäußerter Wunsch meinerseits, mit der damit verbundenen Konsequenz, die eintritt, wenn dieser Bitte nicht entsprochen wird. In diesem Fall ist mir das gut gelungen.

Aber ist das immer so? Wie ist das bei Ihnen? Können Sie Ihre Wünsche und Bedürfnisse Ihrem Mann, Ihren Kindern, Ihrem Chef, Ihrem Arbeitskollegen oder Nachbarn gegenüber klar, präzise und eindeutig formulieren? Ich bin sehr für Höflichkeit, aber wenn wir jeden Satz, der einen Wunsch oder eine Forderung von uns beinhaltet mit einem: »Wäre es eventuell möglich ...« oder »Könnte ich vielleicht ... ?« beginnen, werden wir undeutlich. Wir signalisieren von vorneherein unserem Gegenüber, dass wir in der Wahrnehmung unserer Bedürfnisse unsicher sind, und dass es ein Leichtes sein wird, uns von unserem Vorhaben wieder abzubringen. Mit dem berühmten Satz: »Kinder die was wollen, kriegen eins auf die Bollen«, ist es uns gründlich ausgetrieben worden, zu sagen: »Ich will ... « Das müssen wir, mit allem Respekt und aller Achtung für das Gegenüber, wieder einüben. Anfangs mag uns das erschrecken. Aber wir werden merken, dass unsere Umwelt es uns danken wird. Mit Menschen, die in ihren Botschaften klar und eindeutig sind, kann man nämlich viel leichter umgehen, als mit solchen, die in ihren Äußerungen unklar sind und zwischen den Zeilen nicht klar zu identifizierende Botschaften senden. »Euer Ja sei ein Ja, euer Nein ein Nein«, sagt Jesus in der Bergpredigt und fordert damit zu eben dieser Klarheit auf.

Viele von uns haben an dieser Stelle noch nicht so große Schwierigkeiten. Die kommen meistens zusammen mit dem Widerstand unseres Gegenübers. Und der kommt so sicher, wie das Amen in der Kirche. Es ist eine Illusion zu meinen, dass der andere uns freudig den Weg ebnen wird, damit wir unsere Bedürfnisse stillen können, oder dass er unserer Forderung stehenden Fußes nachkommt. Richten Sie sich darauf ein, dass Ihr Gegenüber eine andere Meinung hat und die auch vehement vertreten wird. Und denken Sie daran, dass das sein gutes Recht ist. Je eher Sie sich von dem Wunschtraum verabschieden, dass alle die gleiche Sichtweise und die gleiche Meinung haben sollten und dass nur dann Harmonie und Friede in einer Beziehung möglich ist, desto besser.

Der andere darf die Dinge anders sehen als ich. Ist das etwa schlimm?

Wir würden uns in unseren Gemeinden so manchen Stress ersparen, wenn wir diesen Faktor mehr berücksichtigten. Der andere darf die Dinge anders sehen als ich. Der andere darf beispielsweise einen Musikstil, der mich sehr begeistert, unmöglich finden. Na und? Ist das etwa schlimm? Harmoniebedürftige Menschen haben an dieser Stelle viel zu lernen.

Stellen Sie sich darauf ein, dass Ihr Gegenüber Sie davon zu überzeugen versucht, dass Sie auf dem falschen Dampfer sind oder dass er Ihre Bitte schlichtweg ignoriert, in der Hoffnung,

Sie würden Ihr Anliegen schon von selbst wieder fallen lassen. So wie mein Sohn. An dieser Stelle knicken die meisten von uns ein. Hartnäckig bei der eigenen Meinung bleiben, stur durchziehen, was wir uns vorgenommen haben, uns mit aller Macht verteidigen und für uns kämpfen – das liegt uns nicht besonders.

Ich werde besonders leicht schwach, wenn mir jemand auf die sanfte Tour kommt. Ist jemand frech und patzig, kann ich meistens ganz gut Paroli bieten, aber wehe, jemand kommt mit gut durchdachten Argumenten und wickelt diese noch kunstvoll in Nettigkeiten und freundliche Worten ein, dann werde ich weich wie Butter in der Sonne.

Meine Kinder wären nicht meine Kinder, wenn sie das nicht wüssten und aufs Beste für sich auszunutzen verstünden. An dieser Stelle müssen wir hellwach sein. Es ist durchaus möglich, dass wir uns von dem anderen umstimmen lassen – aber bitte bei vollem Bewusstsein. Hier entscheidet es sich, ob wir in unsere alte Opferhaltung fallen und uns über den Tisch ziehen lassen oder ob wir eine klare, eigenverantwortliche Entscheidung treffen. Das ist der Punkt, der den Ausschlag darüber gibt, ob wir hinterher die Wut kriegen, weil wir uns verschaukelt fühlen oder aber hoch erhobenen Hauptes und nachhaltig zufrieden aus dieser Situation hervorgehen, weil wir wissen, wir haben bewusst und unter Berücksichtigung unserer eigenen Interessen entschieden und gehandelt.

Das habe ich in dem Beispiel mit meinem Sohn nicht getan. Ich habe mich einfach nur überreden lassen und war infolgedessen hinterher stinksauer. Wenn das allgemein und in allen Bezügen unseres Lebens unser Muster ist, nach dem wir unser Verhalten richten, dann ist hier der Punkt, an dem sich entscheidet, ob wir depressiv werden oder nicht. Nehme ich aktiv am Leben teil, gestalte und verantworte ich Situationen, in die ich gerate, bewusst, lebe für und nicht gegen mich, oder lasse ich mich treiben und andere über mich verfügen? Vielleicht träumen Sie ja den Traum einer Prinzessin, in dem Glauben, andere würden Ihre Bedürfnisse und Wünsche schon sehen und sich dann zu Ihren Gunsten entscheiden. Davon träume ich auch immer wieder. Wachen Sie auf und werden Sie erwachsen. Dieses System hat vielleicht funktioniert, als Sie ein kleines Mädchen waren (bei mir jedenfalls lief das prächtig, das erzählte ich ja bereits). Jetzt sind Sie eine erwachsene Frau und voraussichtlich wird kein Prinz dahergaloppiert kommen und sie allen Widrigkeiten des Lebens entreißen. Auch Jesus wird diesen Part in Ihrem Leben nicht übernehmen. Da muss ich Sie leider enttäuschen. Er will nämlich, dass Sie zu einer starken, reifen und selbstbewussten Frau heranreifen. Und das werden Sie nur, wenn sie aus Ihrer Passivität heraustreten.

Haben Sie sich nun aber entschieden, doch bei Ihrer Meinung zu bleiben und auf Ihrer Position zu beharren, richten Sie sich auf weiteren Widerstand ein. Der Gegner wird nun seine Taktik ändern und weniger mit Worten, dafür aber umso mehr emotional kämpfen. Das ist der schwierigste Part und ungeheuer schwer auszuhalten. Er wird jammern und klagen, wird aufzeigen, welch unermessliches Leid Sie ihm zufügen und wie schwer er an der von *Ihnen* auferlegten Bürde zu tragen hat. Er wird traurig und betrübt sein oder zornig, wütend und ungehobelt werden (letzteres wäre wahrscheinlich bei meinem Sohn passiert, wenn ich bei meinem »nein« geblieben wäre). Je nachdem, wie er veranlagt ist und wovon er glaubt, dass es bei Ihnen »besser zieht«, wird er seine Taktik ändern. Bauch rein, Brust raus, Kopf hoch und durchhalten. Und machen Sie sich klar: Sie sind für die Gefühle des anderen nicht verantwortlich. Und es ist auch nicht möglich oder Ihre Aufgabe, dem anderen andere Gefühle »zu machen«. An dieser Stelle verschleudern wir unwahrscheinlich viel Ener-

Lassen Sie die Kinder doch ihre schlechte Laune, ihre Wut, ihre Traurigkeit oder ihren Frust aushalten. Was ist daran so schlimm?

gie. Leider völlig sinn- und zwecklos. Wir haben keine Macht über die Gefühle des anderen und er hat ein Recht darauf, traurig oder erbost zu sein. Warum sollte er, nur damit wir uns nicht so schlecht vorkommen, unser Handeln mit Freude quittieren? Lassen Sie ihn doch. Er wird schon mit seinen schlechten Gefühlen klar kommen und sie irgendwann auch überwinden. Ihr Problem? Nein, seins. Überlegen Sie mal, wie viel Energie wir als Mütter aufwenden, um unseren Kindern ihre schlechten Gefühle auszureden und ihnen gute »zu machen«. Lassen Sie die Kinder doch ihre schlechte Laune, ihre Wut, ihre Traurigkeit oder ihren Frust aushalten. Was ist daran so schlimm? Natürlich sollen wir als Mütter trösten und ermutigen, aber wenn wir wegen unseres Harmoniebedürfnisses immer alle negativen Gefühle unserer Kinder abwenden wollen, tun wir ihnen keinen Gefallen.

Wenn Ihre Tochter das nächste Mal mault und quengelt, weil sie ihren Willen nicht bekommt, lassen Sie sie ihren Unmut doch aushalten. Und wenn Sie sich dadurch beeinträchtigt fühlen, weil die Dame nach allen Seiten Gift spritzt, packen Sie diese am Schlafittchen und befördern Sie das Mädchen in ihr Zimmer. Irgendwann wird sie ihren Missmut schon überwinden. Stattdessen reden Sie sich wahrscheinlich genau wie ich den Mund in Fransen und versuchen dem Mädchen wieder gute Gefühle zu machen. Sparen Sie sich diese Energie lieber für Ihre eigene Veränderung auf, denn Sie tun weder sich noch dem anderen einen Gefallen, wenn Sie immer versuchen, die Wogen wieder zu glätten.

Wenn Sie das jetzt alles lesen, werden Sie vielleicht denken, ich sei auf dem Super-Ego-Emanzen-Selbstverwirklichungstrip. Aber bitte bedenken Sie, zu wem ich das hier sage. Ich sage das nicht zu Menschen, die ein stabiles Selbstwertgefühl haben, die ihre Wünsche und Bedürfnisse artikulieren und umsetzen und sich in angemessener Weise zur Wehr setzen können. Die bräuchten vielleicht tatsächlich mehr die Botschaft, sich in andere hineinzufühlen, rücksichtsvoller und sensibler zu sein. Ich schreibe aber für solche, die an dieser Stelle einen tiefgreifenden Mangel haben und davon sogar krank geworden sind. Und die werden selbst bei einer Radikalkur noch nicht in ein ungutes anderes Extrem fallen. Jesus passt da schon gut auf uns auf.

Depressionen? Ich?!

Depressionen können neben einer lebensverneinenden Grundeinstellung und nach innen gerichtetem Zorn auch noch eine Anzahl anderer Auslöser und Hintergründe haben. Einer ist z. B. ein starkes Verlusterlebnis, etwa wenn der Partner oder ein Kind stirbt, eine Scheidung, der Verlust des Arbeitsplatzes oder der vertrauten Umgebung. Solche Erlebnisse können so massiv sein, dass unsere Seele bei dieser Überbelastung einfach streikt und uns in eine beklemmende Dunkelheit einhüllt.

Dabei sind die Symptome solch einer Depression sehr unterschiedlich. Am bekanntesten und wahrscheinlich auch am weitesten verbreitet sind Antriebsschwäche, Lustlosigkeit, Müdigkeit, die aber häufig mit Schlafstörungen einhergeht, eine negative Selbstwahrnehmung, Schuld- und Versagensgefühle, Ängste, Sorgen und eine pessimistische Lebenseinstellung. Genauso häufig, aber nicht so bekannt sind Zwänge oder zwanghafte Gedanken, das Gefühl von Unwirklichkeit, das Empfinden, sich am Rande des Wahnsinns zu befinden, extreme Unruhe und Gefühle des Überdrehtseins, vor allem vor einem Absturz. All diese Empfindungen in abgeschwächter Form kennt jeder »normale« Mensch, in diesem Fall spricht man von einer depressiven Verstimmung. Diese lässt sich mit ein paar gängigen Mitteln, wie Ablenkung, sich etwas Gutes tun, eine Ruhepause einlegen, Freunde besuchen, einen langen Spaziergang machen, Lobpreislieder hören usw. ganz gut in den Griff bekommen. Auf diese Weise geht die depressive Verstimmung nach ein paar Stunden oder Tagen von selbst wieder vorüber.

Eine richtige Depression hat eine ganz andere Dimension und mit den normalen Stimmungsschwankungen, die jeder von uns kennt, nichts zu tun. Sie selber wissen das wahrscheinlich am besten.

Nehmen wir mal den Vergleich zwischen Kopfschmerzen und Migräne. Kopfschmerzen kennt wahrscheinlich jeder, und auch diese können schon sehr unangenehm sein und uns stark beeinträchtigen. Aber eine normale Schmerztablette reicht in der Regel aus, um die Sache wieder in den Griff zu bekommen. Wer aber unter Migräne leidet, weiß, dass der ganze Körper in Mitleidenschaft gezogen wird, gar nichts mehr geht und ein einfaches Schmerzmittel nichts bewirkt.

Ähnlich ist der Unterschied zwischen depressiver Verstimmung und Depression zu verstehen. Wenn Sie merken, dass die üblichen Tipps nicht helfen, wenn Sie das Gefühl haben, ihre Psyche hat sich verselbstständigt und rast in die Tiefe, ohne dass Sie dies kontrollieren können, oder wenn Sie den Wunsch verspüren, Ihrem Leben ein Ende zu machen, weil Sie die Leere und den Wahn nicht mehr aushalten können, scheuen Sie sich nicht, einen Arzt mit dem Spezialgebiet Neurologie, Psychologie oder Psychotherapie aufzusuchen. In einem solchen Fall ist der direkte Weg zu einem Facharzt der beste. Besonders Christen tun sich oft sehr schwer damit. Irgendwer hat das Gerücht in die Welt gesetzt, dass diese Leute nichts anderes wollen, als uns den Glauben an Jesus auszureden und uns das Christsein madig zu machen. Viele haben Angst, dass ihnen irgendein widergöttliches Gedankengut infiltriert wird und sie dann vom Glauben abfallen. Natürlich kann man bei einer richtigen Psychotherapie, wie überall anders auch, an den Falschen geraten – da sollte man schon sorgfältig auswählen. Und natürlich ist es ideal, wenn der Therapeut auch ein Christ ist (obwohl inzwischen viele, auch weltliche, Therapeuten die

Bedeutung und den Wert des Glaubens für eine gesunde Psyche sehr hoch einschätzen).

Medikamente? Ohne mich!

Bei einem ersten Arztbesuch geht es darum, ein differenziertes Krankheitsbild zu erstellen und zu überlegen, wie erste Schritte in Richtung Normalität und Heilung aussehen könnten. Dazu kann dann sicher auch die Empfehlung gehören, in einer Gesprächstherapie die Ursachen Ihrer Krankheit zu ergründen. Ihr Arzt wird Ihnen wahrscheinlich auch den Einsatz von Medikamenten vorschlagen. An dieser Stelle gibt es jede Menge Vorurteile, mit denen ich etwas aufräumen möchte.

> Viele setzen den Einsatz von Antidepressiva gleich mit »zugedröhnt sein«

Viele setzen den Einsatz von Antidepressiva gleich mit »zugedröhnt sein«, ähnlich wie das bei Alkohol- oder Drogenkonsum geschieht. Sie verbinden damit Bilder aus Filmen wie »Einer flog übers Kuckucksnest«, wo Menschen mit leerem Blick und hängenden Schultern völlig apathisch und willenlos durch die Gänge schlurfen. Ich möchte an dieser Stelle ausdrücklich betonen, dass dem *nicht* so ist. Mag sein, dass bei stationärer Behandlung, vor allem wenn diverse Krankheitsbilder zusammenkommen und entsprechend hohe Dosen verschiedener Medikamente eingesetzt werden müssen, jemand sehr ruhiggestellt wirkt. Aber von dieser Extremsituation reden wir ja hier nicht. Das wäre so, als würden Sie die Behandlung eines einfachen Armbruchs mit der einer komplizierten Schädelfraktur vergleichen. Antidepressiva sind keine Tranquilizer oder Beruhigungsmittel, von daher machen sie weder abhängig noch haben sie (in geringen Dosen) Nebenwirkungen. Sie haben lediglich die Aufgabe, chemische Prozesse im Gehirn, die bei einer Depression nicht mehr korrekt funktionieren, wieder herzustellen und Sie in die Lage zu versetzen, die Welt wieder mit normalen

Augen zu sehen. Ihr Arzt wird Ihnen diese Zusammenhänge bei Nachfrage gut erklären können.

Ein weiteres Vorurteil in Sachen Medikamente ist die Meinung, man würde damit nur Symptomkosmetik betreiben, aber die eigentlichen Ursachen nicht beseitigen, sondern diese eher noch verschleiern. Ich behaupte das Gegenteil. Wenn es Ihnen richtig schlecht geht, sind Sie nicht in der Lage, über den Tellerrand Ihres Schmerzes hinauszugucken. Ähnlich wie ein Migränepatient nicht in der Lage ist, über Auslöser und Zusammenhänge nachzudenken, wenn er mitten in einem Migräneschub steckt. Das kann er erst, wenn die Schmerzen gelindert sind. Und wer würde ihm das verweigern? Warum sollten Sie sich (oder jemand anders Ihnen) die Linderung Ihrer seelischen Schmerzen verweigern? Was macht das für einen Sinn? Natürlich sind Sie in der Pflicht, die Ursachen und Auslöser herauszufinden, aber das können Sie erst, wenn die Dunkelheit nicht mehr ganz so dunkel ist, und Sie wieder Boden unter den Füßen haben. Dabei kann Ihnen eine differenzierte und gut dosierte Medikation helfen. Jeder muss an dieser Stelle eine ganz persönliche Entscheidung treffen. Ich habe mich für den Einsatz von Medikamenten entschieden, weil ich durch die Depressionen über das von mir zu ertragene Maß hinaus belastet war und auch unsere gesamte Familie in Mitleidenschaft gezogen wurde. Mit dem Wissen um meine eigene Kindheitsgeschichte wollte ich das in jedem Fall vermeiden. Jeder, der mich kennt, würde mich als ganz normal beschreiben und in keinster Weise als »zugedröhnt«. Ehrlich gesagt habe ich es mir aber auch abgewöhnt, mit Leuten darüber zu diskutieren, vor allem, wenn sie nie Bekanntschaft mit richtigen Depressionen gemacht haben. Ich halte mich von ihren laienhaften Ratschlägen fern, weil sie einfach nicht wissen, wovon sie reden. Kommt das Gespräch auf dieses Thema, mache ich einen galanten Schlenker in eine andere

Richtung, um mich vor blöden Bemerkungen und noch viel blöderen Blicken zu schützen.

Aktiv werden

Ich habe in diesem Teil »Wenn die Mauern Risse bekommen« versucht, die Störungen aufzuzeigen, die am häufigsten auftreten, wenn wir in einer schwierigen Familiensituation aufgewachsen sind, ein einschlägiges geistliches Fundament und eine bestimmte Art der Persönlichkeit haben. Dies waren in erster Linie Dinge, mit denen ich mich selbst »herumgeschlagen« habe und dies an manchen Stellen auch heute noch tue. Vielleicht war Ihr »Ding« nicht dabei. Vielleicht kämpfen Sie mit Suchtverhalten auf den verschiedensten Ebenen, gedanklichen Zwängen oder Zwangshandlungen, vielleicht sind Sie beziehungsunfähig geworden und können Nähe und Intimität nicht ertragen. Vielleicht machen Ihnen aber auch Ihre sexuellen Neigungen zu schaffen oder Sie leiden unter körperlichen Symptomen, die kein Arzt auf etwas Organisches zurückführen kann und die unter den großen Begriff »psychosomatische Beschwerden« fallen. Suchen Sie Hilfe! Brechen Sie das Schweigen und beginnen Sie zu reden! Sie müssen nicht den Rest Ihres Lebens unter der Tyrannei irgendwelcher dubioser Zwänge, Bindungen und Krankheiten leiden. Finden Sie Ihren ganz eigenen Weg der Heilung und Befreiung und gehen Sie Ihn dann – Schritt für Schritt.

Suchen Sie Hilfe! Brechen Sie das Schweigen und beginnen Sie zu reden! Sie müssen nicht den Rest Ihres Lebens unter der Tyrranei irgendwelcher dubioser Zwänge, Bindungen und Krankheiten leiden.

Da machen wir was draus

Wie geht es Ihnen, nachdem Sie sich so ausgiebig mit Ihrer Herkunftsfamilie, Ihrer geistlichen Prägung und Ihrer Persönlichkeitsstruktur beschäftigt haben? Wie geht es Ihnen, nachdem ich Ihnen so manchen Riss in Ihrem Mauerwerk aufgezeigt habe? Vielleicht ist bei Ihnen manches aufgebrochen, was Sie sehr schmerzt. Vielleicht wollten Sie sich manche Stellen gar nicht genauer anschauen, so sehr tat es weh. Vielleicht kämpfen Sie verzweifelt gegen ihre Defizite, gegen Minderwertigkeit, Angst und Depression und stehen kurz vor dem Abgrund, weil die Dinge Sie zu überwältigen drohen. Vielleicht ist das alles auch nichts Neues für Sie, aber Sie haben trotzdem das Gefühl, auf der Stelle zu treten und nicht wirklich weiterzukommen. Vielleicht haben Sie Hoffnung geschöpft, aber denken noch immer: »Das war's dann wohl. Mein Fundament und mein Mauerwerk bröckeln an allen Enden, da ist nichts mehr zu machen.« Das kann ich gut verstehen, mir geht es auch immer wieder so.

Ich möchte Ihnen an dieser Stelle noch ein paar Dinge mitgeben, die mir in meinem Veränderungsprozess geholfen haben, bzw. immer noch helfen. Denn, wie Sie sicher gemerkt haben, bin ich beileibe noch nicht fertig. Ich »drehe immer wieder meine Runden« und vieles, was ich Ihnen gesagt habe, muss ich mir selber heute, morgen und auch übermorgen wieder und wieder sagen. Einiges an Hilfe habe ich ja schon in den einzelnen Kapiteln gegeben, aber ich möchte noch ein paar grundsätzliche und wesentliche Dinge beifügen. Aber auch die Gedanken, die ich nun folgen lasse, sind keine Wunderpillen mit sofortiger Wirkung. Ich kann Ihnen Ihr »Das war's dann wohl« nicht wegzaubern. Wenn Sie das von diesem Buch erwarten, dann verschwenden Sie Ihre Zeit nicht weiter, sondern klappen Sie es getrost zu und legen es beiseite. Alles, was ich tun kann ist, Ihnen von meinem Leben zu erzählen und wie Jesus darin gehandelt hat. Alles, was ich tun kann ist, Ihnen meine Hand reichen und Sie wissen zu lassen, dass Sie mit Ihrer Not nicht allein sind, Sie verstanden werden. Alles, was ich tun kann ist, mit Ihnen zu Jesus zu gehen und ihn darum zu bitten, sein Heil in Ihrem Leben auszubreiten. Alles, was ich tun kann ist, Sie zu bitten, das Ihrige dazu zu tun, dieses Heil auch tatsächlich zu ergreifen, wie mühsam und unspektakulär sich das auch immer in Ihrem Alltag darstellen mag.

Machen Sie einen Spaziergang

Zunächst möchte ich Sie bitten, sich Ihre Phantasie ein wenig zu nutze zu machen und sich mit mir folgendes vorzustellen: es klingelt an der Tür. Als Sie öffnen, steht Jesus vor Ihnen. Nach einer kurzen Umarmung schaut er Sie an und sagt unvermittelt: »Komm, zieh dich schnell an, wir machen einen Spaziergang, ich muss dir dringend etwas zeigen.« Was wird das denn jetzt für eine Nummer? denken Sie, während Sie sich schnell Ihre Jacke überwerfen. Neugierig und fragend schauen sie Ihren Begleiter an. Aber der macht eine völlig undurchsichtige und geheimnisvolle Miene. Nur als er Ihre neuen, hochhackigen Sandalen sieht, kann er sich ein Grinsen nicht verkneifen. »Todschick«, meint er, »aber vielleicht solltest du dir für unseren Ausflug doch etwas Bequemeres anziehen, wir müssen nämlich ein gutes Stück laufen.« Nachdem Sie sich umgezogen haben, machen Sie sich auf den Weg. Sie laufen raus aus der Stadt, über Felder und Wiesen. Unterwegs löchern sie Ihren Begleiter, um was für ein Wahnsinnsgeheimnis es sich denn hier handelt, aber der wiederholt immer nur: »Wird nicht verraten«. Als Sie nicht aufgeben, wendet er sich zu Ihnen um, verdreht die Augen und meint mit einem Lachen: »Scheint ja doch was Wahres dran zu sein, dass Frauen furchtbar neugierig sind.«

»Man wird ja noch fragen dürfen«, grummeln Sie zurück. »Fragen darf man alles, aber du weißt doch: manche Antworten kriegt man erst viel, viel später.«

Den restlichen Weg gehen Sie schweigend nebeneinander her oder unterhalten sich über alles Mögliche. Jetzt sind Sie froh, dass Jesus Sie zu diesem Spaziergang eingeladen hat. Schon lange haben Sie nicht mehr so viel Zeit mit ihm verbracht. Klasse, wie der Mann zuhören kann, wie einfühlsam und durchblickend er Ihre Fragen beantwortet und wie beiläufig er Tiefsinniges einfließen lässt. Wie Sie mit ihm lachen können und wie froh Sie sind, wenn er seinen Arm um Sie legt, wenn Sie ihm von den Dingen erzählen, die Ihnen Angst, Sorge und Kummer bereiten. Wenn Sie so in seiner Nähe sind, haben Sie das Gefühl, dass eigentlich gar nichts mehr schief gehen kann. Mittlerweile sind sie in einem Waldstück angekommen, das Sie jetzt auf einem versteckten Pfad durchqueren. Hier scheint wohl nicht allzu oft jemand entlangzugehen. Immer wieder muss Ihr Begleiter Brombeerranken und Äste für Sie zur Seite halten. Der Pfad mündet in eine Lichtung, auf der ein einsames Haus steht. Die Abendsonne lässt ihre Strahlen über das Haus tanzen, aber das kann nicht darüber hinweg täuschen, dass das Ganze einen ziemlich verfallenen, um nicht zu sagen heruntergekommenen, Eindruck macht. Das, was wohl mal eine Terrasse war, ist jetzt bis zur Unkenntlichkeit mit Unkraut überwuchert, das sich langsam schon Richtung Haus ausbreitet. Die Fensterscheiben sind teilweise zerbrochen und die Fensterrahmen sind an einigen Stellen schon ganz vermodert. Die Tür hängt schief in Ihren Angeln und auf dem Dach fehlen etliche Schindeln.

»Ist es nicht wunder-wunderschön?«

»Und«, fragen Sie etwas ungeduldig den Mann, der Sie hierher gebracht hat, »was wollen wir jetzt hier?« »Ist es nicht wunder-wunderschön?« flüstert ihr Begleiter schon fast ehrfurchtsvoll. Überrascht schauen Sie ihn an – und erstarren. Da ist er wieder, dieser Gesichtsausdruck, den Sie inzwischen schon so gut kennen, der Sie fasziniert, der Ihnen aber immer wieder ein wenig Angst macht. Versunken, ein wenig weggetreten. Begeistert und total glücklich. Aufgeregt und erwartungsvoll. Vorsichtig tippen Sie Ihren Begleiter auf die Schulter. »Ich weiß ja nicht, ob wir das gleiche sehen«, erwidern Sie etwas zögerlich, »aber ›wunderschön‹ finde ich doch etwas sehr übertrieben für dieses Gemäuer.« »Ich denke schon, dass wir das gleiche sehen«, meint Ihr Gegenüber etwas ungehalten, »aber ich stelle mir gerade vor, wie das Haus aussehen würde, wenn man ein bisschen was dran tut.« »Ein bisschen«, schnauben Sie verächtlich, »da wirst du wohl mit ›ein bisschen‹ nicht weit kommen.« »Na gut«, sagt Ihr Begleiter mit der ihm eigenen Hartnäckigkeit, »dann eben ein bisschen mehr.« »Aber stell dir doch mal vor«, redet er schnell weiter, bevor Sie ihm ins Wort fallen können, »wie anheimelnd und einladend dieses Haus sein wird, wenn es eine neue Haustür bekommt und so lustige kleine Sprossenfenster. Wenn das Unkraut auf der Terrasse entfernt ist, wenn das neu gedeckte Dach in der Sonne leuchtet und drinnen alles renoviert und gemütlich eingerichtet ist und ... « »Drinnen«, fallen Sie ihm schnell ins Wort, bevor er sich noch weiter in seine kuriosen Vorstellungen hineinsteigert, »an drinnen will ich gar nicht denken. Bestimmt alles feucht und schimmelig. Und erst mal der Keller. Igittigitt, da darf ich gar nicht dran denken.«

»Angst vor Spinnen?« feixt Ihr Begleiter und grinst über das ganze Gesicht. Wie er da so steht, die Hände in den Hosentaschen und Sie anlacht... »Und guck doch mal, der Garten«, fahren Sie schnell fort, »Chaos, wo man hinguckt. Man weiß ja noch nicht mal, wo das Grundstück anfängt und wo es aufhört.« »Den Garten kann ich mir besonders gut vorstellen, überall Blumen, eine große Wiese, Platz für Klettergerüste und Sandkasten. Und an dieser Stelle da hinten«, er wedelt mit der Hand vage in eine Ecke, »da wird angepflanzt: Kartoffeln, Salat, Möhren und all so'n Zeugs.« »Dein ›Zeugs‹ wird da nicht lange stehen«, wenden Sie ein, »hast du dir mal die Spuren auf dem Boden angesehen? Hier scheint ein reger Durchgangsverkehr zu herrschen. Wildschweine, Rehe, Hasen. Eine Nacht, und von deinem Grünzeugs und den tollen Blumen werden nur noch ein paar kahle Stängel zu sehen sein.« »Na, dann werden wir wohl mal ein hübsches, kleines Mäuerchen setzen müssen.« Ihr Begleiter lässt sich aber auch durch nichts beirren. »Hasen und Rehe gehören in den Wald, aber nicht in meinen Garten.« »In *deinen* Garten?«, fragen Sie ungläubig. »Du meinst, du willst diesen Garten, dieses Haus, für *dich*? Was willst du denn damit?« »Ist schon klar«, fügen Sie sarkastisch hinzu, »der Chef hat nichts anderes zu tun, als alte, verkommene Gebäude zu sanieren. Ich meine«, stottern Sie verwirrt, als Sie seinen Blick, in dem eine kleine Warnung mitschwingt, auffangen, »ich meine, klar hast du hier das Sagen. Aber du musst doch nicht gerade in so einer heruntergekommenen Bude …« Jetzt werden Sie doch etwas verlegen. Irgendwie spüren Sie, dass Sie Ihre Grenzen etwas überschritten haben. »Ich will sagen«, starten Sie einen letzten Versuch, »du könntest dir locker etwas Neues bauen. Es könnte ja auch ganz heimelig und gemütlich sein, wenn du diesen Stil magst. Es könnte ja sogar hier an diesem Platz stehen, wenn es unbedingt hier sein muss. Reiß das hier ab und bau an Stelle dessen etwas Neues. Glaub mir – da hast du wesentlich weniger Ärger und Arbeit.« Ein Blick auf das Gesicht Ihres Begleiters sagt Ihnen, dass jeder Versuch, Ihn von seinem Vorhaben abzubringen, zwecklos ist. »Ich will«, sagt Jesus sehr leise aber bestimmt, »ich will genau dieses Haus, so wie es ist. Ich liebe es, seit ich es zum ersten Mal gesehen habe. Vor meinem inneren Auge sehe ich, was draus werden kann und das ist etwas Wunderschönes. Ein Ort,

»Ich will«, sagt Jesus sehr leise aber bestimmt, »ich will genau dieses Haus, so wie es ist. Ich liebe es, seit ich es zum ersten Mal gesehen habe. Glaub mir, da machen wir was draus. Hilfst du mir?«

an dem ich mich wohlfühlen werde, und zu dem meine Freunde gerne kommen werden. Glaub mir, da machen wir was draus. Hilfst du mir?«

Können Sie sich vorstellen, dass Jesus so von Ihnen, von Ihrem Lebenshaus spricht? Dass er, wenn er Ihr Lebenshaus betrachtet, kein »Das war's dann wohl«, sondern ein »Da machen wir was draus« spricht? Können Sie sich vorstellen, dass er überlegt und plant, was er aus Ihrem Haus alles machen kann? Dass er die Mängel im Fundament, die Risse im Mauerwerk sieht, und trotzdem ein verzücktes »wunderschön« über Ihrem Leben ausruft? Dass er Ihnen die Grenzen wiedergeben will, die Sie aufgegeben haben? Ein hübsches, kleines Mäuerchen? Und dass er vor allem Sie, in Ihrer Einzigartigkeit und Ursprünglichkeit erhalten will? Dass er Sie gesehen hat und von Anfang an so, wie Sie sind, liebte und in sein Herz geschlossen hat?

Du sollst leben

Das ist das erste, was Jesus zu Ihnen sagt: »Du sollst leben. Ich will, dass du lebst.« In Hesekiel 16,5f steht ein Vers, der eigentlich an Israel gerichtet ist und es an seine Erwählung und Berufung erinnern soll, der mich persönlich aber einmal sehr berührt hat und das auch immer wieder tut. *»Kein Mensch hatte Mitleid mit dir und erbarmte sich über dich. Noch am Tag deiner Geburt warf man dich aufs freie Feld, weil jeder nur Verachtung für dich übrig hatte. Ich kam an Dir vorbei und sah dich hilflos und blutverschmiert am Boden liegen. Da sagte ich zu dir: »Du sollst am Leben bleiben und heranwachsen wie eine Blume auf dem Feld.«* (Hoffnung für Alle)

Jesus gibt Sie nicht auf, er hat Sie zu keinem Zeitpunkt aufgegeben, sondern er spricht diesen Satz souverän in Ihr Leben und kein Mensch, weder sie selber noch ein anderer, hat das

Recht, Ihnen dieses Leben zu rauben. Vielleicht sind Sie so weit in die Tiefe gerutscht, dass Sie tatsächlich daran dachten oder denken, Ihrem Leben ein Ende zu setzen. Viele von uns würden soweit nicht gehen, oder kämen nicht auf diesen Gedanken. Trotzdem steckt in uns etwas zutiefst Lebensverneinendes. Auch wenn wir unser physisches Leben fortsetzen, haben wir ganz tief drinnen die Entscheidung getroffen, nicht mehr am Leben teilzunehmen. Das ist Depression. Ein Rückzug. Vom Leben in die Dunkelheit. Warum? Weil wir – und jetzt kommen wir an einen ganz tief sitzenden Punkt – glauben, das Leben stünde uns nicht zu, wir hätten es nicht verdient.

Am Grund des Sees

Ich will Ihnen einen Traum von mir erzählen, der im Rahmen meiner Gesprächstherapie eine große Rolle gespielt hat. Ich stand mit vielen Leuten an einem kleinen, aber tiefen See. Ich fing immer wieder Gesprächsfetzen auf von diesen Leuten, die immer den gleichen Inhalt hatten: »Sie ist selber schuld, dass sie dort unten liegt.« Immer wieder sagten sie das. Ich tauchte ganz weit hinunter bis auf den Grund des Sees und sah mich selbst als Kind, wie ich versuchte, etwas zu reparieren, ein Radio oder so etwas. Es gehörte nicht mir, sondern meinen Eltern. Meine Mutter lag im Bett und schlief. Ich versuchte verzweifelt dieses Ding in Ordnung zu bekommen, es gelang mir nicht – stattdessen bekam ich einen Stromschlag und war auf einmal gelähmt. Ich weckte meine Mutter nicht, ich schrie nicht um Hilfe, weil ich der festen Überzeugung war, dass ich diesen Unfall selbst verschuldet hatte. Ich schämte mich zum einen fürchterlich dafür und wollte zum anderen meine Mutter wegen dieser »Lappalie« nicht behelligen. Ich kroch irgendwie in das Bett meiner Mutter, deckte mich zu und lag dort bewegungslos. Meine Scham war so groß, dass ich hoffte, niemand würde von diesem Zwischenfall etwas merken. Irgendwann kamen all die Leute, die oben um den Teich herumgestanden hatten, herunter, und stellten sich um das Bett. Sie murmelten alle, wie bedauerlich sie diesen Vorfall fänden, aber wie gesagt, ich sei eben selber schuld. An dieser Stelle wachte ich erschöpft auf.

Wir haben über unser Bewusstsein in der Regel nicht die Möglichkeit, an tief sitzende Gefühle, vor allem, wenn sie aus der Zeit unserer Kindheit stammen, heranzukommen. Deswegen ist es ein riesengroßes Geschenk, wenn Gott uns in unseren Träumen die Tiefe unserer Seele offenbart. Als ich aufwachte, fühlte ich die ganze Last meiner Schuld- und Schamgefühle.

Ich hatte versucht, im Leben meiner Eltern etwas zu reparieren. Streng genommen war es nicht mein Problem, sondern es gehörte ihnen. Aber weil sie selber unfähig waren, hatte ich mich dafür verantwortlich gemacht.

Ich weiß nicht, ob ich mich jemals zuvor oder jemals danach wieder so existenziell schlecht gefühlt habe. Ich war an der Talsohle meiner Depressionen angelangt, an ihrem tiefsten Auslöser. Und gleichzeitig war eine Erleichterung in mir, weil ich wusste: »Das ist es, das ist das Geschwür, das mein Inneres und mein ganzes Leben verunreinigt hat. Jetzt liegt es offen.« Ich habe während der Therapiegespräche eigentlich nie geweint, aber während ich diesen Traum erzählte, wurde ich von Schluchzern geschüttelt.

Ich hatte versucht, im Leben meiner Eltern etwas zu reparieren. Streng genommen war es nicht mein Problem, sondern es gehörte ihnen. Aber weil sie selber unfähig waren, hatte ich mich dafür verantwortlich gemacht. Mein Scheitern schob ich mir selber in die Schuhe, obwohl ich die Situation weder verursacht hatte noch als Kind die Macht hatte, etwas zu verändern. Anstrengen bis zum Umfallen. Alles in Bewegung setzen, versuchen zu flicken und zu heilen. Nicht geschafft. Ich bin schuld. Ich muss mich schämen. Typisch Kind aus einer Alkoholikerfamilie. Typisch Kind aus einer Scheidungsfamilie. Typisch missbrauchtes Kind.

Es ist alles meine Schuld

Wenn Sie selber aus solchen Verhältnissen kommen, werden Sie dieses Lebensgefühl kennen. Und weil dieses Lebensgefühl so fest in uns verankert ist, glauben wir, wir hätten kein Recht auf das Leben. Es stünde uns nicht zu. Und wenn andere es nicht tun, müssen wir uns eben selbst bestrafen. Das ist der Weg in die Depression.

Sehen Sie, und deswegen haben wir es so nötig, dass Jesus sagt: *»Ich lebe und ihr sollt auch leben«*. Dieser Vers steht in Johannes 14,19. Tapezieren Sie sich damit Ihre Wände, schreiben Sie es mit Ihrem teuersten und schönsten Lippenstift auf Ihre Spiegel und sagen Sie sich diesen Vers immer wieder. Jedes Mal, wenn die Depression an der Tür lauert, geht Jesus vor Ihnen in die Hocke, wie vor einem Kind. Er nimmt Ihre Hände in seine und schaut Ihnen fest in die Augen. Und jetzt passen Sie gut auf und hören gut hin, was er sagt: »Du warst nicht schuld. Deine Eltern waren verantwortlich für diese Situation. Du hättest sie niemals ändern können. Du warst nicht schuld. *Du sollst leben!*«

Der Hang zur Selbstbestrafung sitzt tief in uns. In diese Situation hinein sagt die Bibel: *»Zu unserem Heil lag die Strafe auf ihm, durch seine Wunden sind wir geheilt«* (Jesaja 53,5; Einheitsübersetzung). Jesus hat alle Strafe, die verdiente und auch die unverdiente, ans Kreuz getragen. *Sie müssen sich nicht mehr selbst bestrafen!*

Ich habe bei mir etwas Merkwürdiges beobachtet. Oft, wenn es mir richtig gut ging, wenn ich etwas Erfolgreiches geleistet hatte, auf das ich stolz sein konnte, wenn ich rundum mit mir glücklich und zufrieden war und ich mein Potenzial so richtig ausgeschöpft hatte, überrollte mich eine Welle der Depression. Ich rätselte und rätselte, aber kam ums Verrecken nicht darauf, was der Auslöser war. Nun gibt es ja dieses Phänomen, dass einer Depression oft ein extremes Hochgefühl vorweg geht. Das hat mit dem Krankheitsbild eines Manisch-Depressiven nichts zu tun, sondern unsere Seele ahnt nur schon viel eher als unser Bewusstsein die herannahende Katastrophe und versucht mit allen Mitteln gegenzusteuern. Aber das war's auch nicht. Bis ich erkannte, dass ich mich selbst bestrafte, weil ich glaubte, das Glücklichsein nicht verdient zu haben. »Waas, du bist glücklich? Ja, wo gibt's denn so was. Du doch nicht. Du bist ein Schandfleck auf Gottes schöner Erde, also *Du* hast als Letzte ein Recht auf Glück und Zufriedenheit. Schäm dich!«

Was meinen Sie, wie viele Krankheiten und Missstände im Leben vieler Menschen hier ihre Ursachen haben. Sie kennen doch diese Pechvögel, die scheinbar das Unheil nur so auf sich ziehen. Sie kennen doch die Frauen, die ständig krank sind. Sie kennen doch die, die trotz vierzig Kilo Übergewicht immer weiter futtern. Selbstbestrafung. Selbstgezimmertes Abstellgleis. Du nicht, alle anderen ja, aber du nicht. Jesus sagt Ihnen: »Du darfst leben. Du darfst das Leben in vollen Zügen genießen. Du darfst schön sein. Du darfst deine Begabungen einsetzen und dich an dem dir gezollten Beifall freuen. Lebe das Leben, das ich dir schenke, in vollen Zügen. Verweigere dich nicht mehr.«

Aktiv werden

An dieser Stelle bedarf es einer Entscheidung von Ihnen. Ich kann Ihnen die Türen öffnen, aber hindurchgehen müssen Sie selber. An meinem Kühlschrank hängt eine Karte mit einem Zitat von Voltaire: »Da es sehr förderlich für die Gesundheit ist, habe ich beschlossen, glücklich zu sein.« Das ist eine Entscheidung. Ein Beschluss, vom Abstellgleis herunterzukommen und sich wieder ins Leben zu stürzen. Machen Sie sich auf – Jesus wartet schon auf Sie!

Das tu ich mir nicht mehr an!

Wenn Jesus sein »Da machen wir was draus« in Ihr Leben spricht, dann impliziert das ihre Mitarbeit. Die wird jedoch von einer Opferhaltung gänzlich blockiert. Ich habe in den vorangegangenen Kapiteln auf diese Opferhaltung schon Bezug genommen, möchte es an dieser Stelle aber noch einmal ausführlicher tun. Ich bin der Überzeugung, dass hier ein »Knackpunkt« in unserer Entwicklung zu innerer Heilung liegt, und es ist mir deswegen ein Anliegen, die Hintergründe und Zusammenhänge dieser Lebenseinstellung deutlich zu machen.

Meine Tochter hat mal wieder ihren Sportbeutel (mit einer ziemlich neuen Sporthose) verschlampt. Da das nicht das erste Mal ist, weigere ich mich, schon wieder neue Sportsachen zu kaufen. Statt dessen sage ich: »Da hast du jetzt wohl ein Problem. Sieh zu, dass Du dein Zeug wiederfindest, bis dahin musst du wohl in irgendeiner alten Leggins turnen. Etwas Neues gibt es erst zum nächsten Schuljahr, es sei denn, du investierst vorher dein Taschengeld.« (Bin ich nicht ein Ausbund an Konsequenz? Ich finde, das habe ich richtig profimäßig gelöst ...)
Jetzt kommt der Bühnenauftritt meiner Tochter, bei dem ungeahnte schauspielerische Fähigkeiten zu Tage treten. Sie sackt in sich zusammen und seufzt schwer unter der ihr auferlegten Bürde. Dann rollen die ersten Tränen und es wird laut und allumfassend Klage erhoben: »Du bist sooo gemein. Soll ich etwa mit diesem alten Fetzen turnen gehen? Die ist ja voller Löcher, weil *du* sie immer noch nicht geflickt hast.« (An dieser Stelle muss ich ihr innerlich beipflichten – auch wenn es sich dabei nur um ein klitzekleines Löchlein an einer Stelle handelt, die eh niemand sieht – Flickarbeiten gehören zu den Dingen, die ich an meinem Hausfrauendasein verabscheue und bei denen ich höchst laienhaft ans Werk gehe.) Als sie merkt,

dass Widerstand zwecklos ist, wendet sie sich angewidert von mir ab. »Kannst du jetzt bitte aus meinem Zimmer gehen, ich will allein sein«, sagt sie mit ersterbender Stimme. Gerne komme ich dieser Aufforderung nach, bin ich doch nicht scharf darauf, mich weiterhin in dem Dunstkreis ihrer Übellaunigkeit aufzuhalten. Ich fange noch einen letzten giftigen du-bist-an-allem-schuld-Blick auf und mache mich schleunigst aus dem Staub.

Kurz darauf rufe ich zum Essen. Alle kommen zu Tisch, es wird geredet, gezankt, gelacht, rumgealbert und Essen in sich hineingeschaufelt (anders kann man das bei meinen pubertierenden Söhnen wirklich nicht nennen). Nur meine Tochter sitzt still und unter der Last des Lebens gebeugt da. Spürt sie, dass mein Auge auf ihr ruht, wirft sie mir einen beleidigten Blick zu, der aber nicht lange währt, damit ich mir ja nicht einbilde, sie würde noch in irgendeiner Form mit mir kommunizieren wollen. »Ja, lach du nur, während es mir schlecht geht, du wirst schon sehen, was du davon hast«, sagen diese Blicke. Ich nehme mir vor, diese Masche zu ignorieren und mache einen geschickten Schachzug: »Sollen wir nicht heute Nachmittag zusammen Eis essen gehen?«, lautet mein Vorschlag. Oft wird dieses verlockende Angebot seitens der Eltern nicht gemacht, umso größer ist allseits die Begeisterung. Ich beobachte aus den Augenwinkeln mein heiß geliebtes Töchterlein. In ihrer Miene sehe ich den Widerstreit der Gefühle. Na, denke ich insgeheim, da musst du deine schauspielerischen Leistungen aber noch etwas perfektionieren. Gebe ich die Rolle des sterbenden Schwans auf, so sagt ihr Mienenspiel, dann bekomme ich ein Eis, aber leider, leider kann ich mich dann nicht mehr an meiner Mutter rächen, indem ich ihr Schuldgefühle mache. Das kann ich nur, wenn ich hier bleibe. Das erstaunliche Kind entscheidet sich tatsächlich für letzteres. Mit einem Blick, der sagt: »Pass auf, jetzt heiz ich dir erst ein-

Meine Tochter sitzt still und unter der Last des Lebens gebeugt da.

mal richtig ein« knallt sie ihr Besteck auf den Teller, erhebt sich würdevoll, sagt pathetisch: »Ohne mich, *ich* muss jetzt nämlich meine Sportsachen suchen, sonst kann *ich* nämlich nicht mehr mitturnen« und verlässt mit hoch erhobenem Haupt und wehenden Haaren den Tisch. Der Rest der Familie blickt ihr perplex nach. »Zickenalarm?«, fragt einer der Brüder mit allen psychologischen Kenntnissen, die ihm mit seinen vierzehn Jahren zur Verfügung stehen. Der Ausflug wird ganz schön, wenn mir auch das Eis nicht so recht schmecken will. Irgendwie leide ich mit meiner Tochter, weil sie sich das jetzt antut.

Ich finde, das ist ein klasse Beispiel, um einiges über die Opferhaltung deutlich zu machen. Dabei weiß ich natürlich, dass es in Ihrem Leben um weit schwerwiegendere und existenziellere Themen geht, als um verloren gegangene Turnbeutel. Aber das grundsätzliche Verhaltensmuster und die Konsequenzen, die es hat, unterscheiden sich gar nicht so sehr voneinander.

»Die anderen sind Schuld!«

Opfer machen andere für die Missstände in ihrem Leben verantwortlich – und das hat Folgen. In gewisser Weise haben sie damit erst einmal Recht. Anders als bei dem Beispiel mit meiner Tochter, die für ihr Ungemach tatsächlich komplett allein verantwortlich war, haben die meisten das, was ihnen im Leben an Leid, Krankheit und Unrecht widerfahren ist, nicht selbst verschuldet. Insofern stimmt der Satz: »Weil meine Eltern, mein Partner, meine Freunde, das Schicksal ... darum muss ich jetzt, kann ich jetzt nicht, darf ich nicht ... « erst einmal. Erst einmal. Ich glaube, ich habe in diesem Buch deutlich gemacht, dass es durchaus sinnvoll ist, sich diese uns zugefügten Schäden und ihre Verursacher genauestens anzuschauen. Aber wenn Sie an dieser Stelle stehen bleiben, geben Sie anderen nicht nur die Schuld an Ihrer Situation, sondern auch die Macht über Ihre Gefühle und Ihre Reaktion. Was Ihnen widerfahren ist, dafür können Sie nichts und daran konnten und können Sie nichts ändern.

Wie Sie nun als erwachsene Frau darauf reagieren, das können und müssen Sie ganz alleine entscheiden. Niemand kann Ihnen Gefühle »machen«. Lassen Sie das dennoch zu, geben Sie anderen Menschen Macht über Ihr Leben, eine Macht, die nur Gott und Ihnen allein gehören sollte. Und Sie nehmen Ihre Möglichkeiten und Ihre Verantwortung nicht wahr, nämlich das Einzige zu verändern, was Sie wirklich verändern können – sich selbst. Sie begeben sich in eine selbst verschuldete Hilflosigkeit und Abhängigkeit. Sehen Sie, an dem Ihnen zugefügten Leid können Sie überhaupt nichts ändern, so sehr Sie auch grübeln und in Gedanken die Täter in Stücke reißen. Vorbei. Passé. Ändern können Sie allein Ihre Reaktion darauf und – Ihr jetziges Leben.

Wie Sie nun als erwachsene Frau darauf reagieren, das können und müssen Sie ganz alleine entscheiden.

Als ich diesen Gedanken begriffen hatte, ging es mir schlagartig besser. Das Wissen, nicht mehr hilfloses Opfer sein zu müssen, sondern aktiv zum Gelingen meines Lebens beitragen zu können, brachte mich auf der Leiter, die Jesus mir in das Loch meiner Depressionen gestellt hatte, mindestens zehn Sprossen weiter nach oben. Das Leben aktiv zum eigenen Wohl mitzugestalten ist die beste Medizin gegen Depression. An dieser Stelle wird leider gerade in christlichen Kreisen scharf geschossen. Passivität, »sich vom Herrn leiten lassen«, abwarten und »stille« sein, statt kämpfen und das Geschehen gestalten, wird in manchen Kreisen groß geschrieben. Und auch hier ist viel Wahres dran. Diese Worte wurden aber zu Kriegern und Aktivisten gesagt. Die brauchen diese Bremse, um nicht über die Stränge zu schlagen. Den Schwachen und Verzagten, denen aber hat Jesus ein »nimm dein Bett und geh« oder »geh, und wasch dir den Lehm von den Augen ab« verordnet. Aufforderung zum Handeln. Raus aus der Passivität, »sei stark und mutig«!

Wollen Sie es sich wirklich antun, sich auch noch den Rest Ihres Lebens von Selbst- und Fremdvorwürfen vermiesen zu lassen, wenn vielleicht die Alternative bestünde, dass die Ihnen noch verbleibende Zeit durchaus ganz lebenswert sein könnte?

Meine Tochter hat sich dafür entschieden, in Ihrer Opferhaltung zu verharren und hat dafür einen schönen Nachmittag mit Ihrer Familie und ein großes, leckeres Eis »geopfert«.

Was opfern Sie? Welchen Preis zahlen Sie, nur damit Sie weiter in Vorwürfen verharren können und keine Verantwortung für Ihr Leben übernehmen müssen?

»Na warte, das wirst du büßen!«

Opfer wollen andere durch ihr Verhalten strafen, sich rächen und fügen sich selbst dadurch den größten Schmerz zu. Meine Tochter wollte mich durch ihre »Märtyrerhaltung« bestrafen. In gewisser Weise ist ihr das auch gelungen. Wie gesagt, ich konnte tatsächlich mein Eis nicht so richtig genießen. Aber im Gegensatz zu ihr hatte ich wenigstens eins. Glauben Sie mir, Sie schaden sich selbst immer am meisten. Sie ziehen immer den Kürzeren. Denken Sie an meine Worte, wenn Ihr Mann das nächste Mal so richtig fies zu Ihnen war und Sie sich als Opfer seiner Selbstsucht fühlen, weil er Sie wieder mal abends allein mit den Kindern zu Hause sitzen lässt, während er sich einen netten Abend mit seinen Freunden, im Hauskreis oder sonstwo macht. »Na warte, dafür werden dir leider die ehelichen Freuden heute nicht vergönnt sein«, denken Sie rachsüchtig, bevor Sie hochgeschlossen ins Bett kriechen. Schade nur, dass Sie selbst deswegen genauso auf eine heiße Liebesnacht verzichten müssen (seufz) und dazu noch am nächsten Morgen einen griesgrämigen und verstimmten Muffel am Tisch sitzen haben. Der wird Ihnen diesmal bestimmt nicht mit einem tiefen und begehrlichen Blick die Brötchen reichen

Und? Haben Sie jetzt tatsächlich durch ihre Opferhaltung und ihr rachsüchtiges Verhalten etwas gewonnen?

und dabei ein »Schatz, du siehst heute wieder mal unbeschreiblich gut aus«-schnurren. Garantiert nicht. Und? Haben Sie jetzt tatsächlich durch ihre Opferhaltung und ihr rachsüchtiges Verhalten etwas gewonnen? Nicht wirklich, oder?

»Nie hörst du mir zu!«

Opfer neigen zur Übertreibung und Dramatisierung. In unseren Gedanken wird das uns zugefügte Unrecht immer größer und der uns zugefügte Schmerz immer tiefer. Worte wie »er hat immer« oder »sie hat nie« sind typisch für solche Übertreibungen und Dramatisierungen. Menschen mit einer Opferhaltung haben das Schöne und Gute, das ihnen widerfährt, gänzlich aus dem Blick verloren und haben sich auf das Schwierige und Schlechte in ihrem Leben fixiert, was in ihrer subjektiven Wahrnehmung zu einem riesengroßen Berg angewachsen ist.

Damit tun Sie sich keinen Gefallen. Versuchen Sie, den Ball flach zu halten, sonst schießen Sie mit solchen Übertreibungen garantiert übers Ziel hinaus!

»Das werde ich dir nie verzeihen!«

Ein Opfer vergibt nicht, sondern klagt voll Bitterkeit an. Über das Thema Vergebung gibt es im christlichen Raum hunderte gute Bücher, deswegen will ich hier über dieses ganz wesentliche Thema gar nicht mehr viel Worte verlieren. Aber vielleicht haben Sie das Wort »Vergebung« bis jetzt auch in erster Linie nur als Appell gehört, dem Sie dann mit zusammengebissenen Zähnen und äußerstem Widerwillen gefolgt sind. Jesus bietet Ihnen aber die Möglichkeit zu vergeben als ein Tor in die Freiheit für Sie und andere an, als einen Weg, den Sie dann weitergehen, weil *Sie* es wollen, weil *Sie* Verantwortung für Ihr Leben übernommen haben und weil Sie es nicht mehr von anderen und dem, was Ihnen angetan wurde, bestimmen lassen wollen. Durch Vergebung schenken Sie sich und anderen die Freiheit, ihr Leben unbeschwert, ohne den Ballast der Vergangenheit, weiterzuleben. Vor Ihnen liegt ein schöner, sonniger Weg durch Felder und Wiesen, den Sie wie ein Kind unbeschwert entlang hüpfen können. Wollen Sie stattdessen wirklich lieber sauertöpfisch zu Hause im Zimmer hocken bleiben? Tun Sie sich das doch nicht an!

Vielleicht sagen Sie jetzt: »Das hört sich so einfach an. Aber ich kann das nicht. Es geht einfach nicht.« Dann möchte ich Ihnen folgende Geschichte erzählen:

In der Bibel wird uns von einem Gelähmten berichtet, der schon seit 38 Jahren in den Hallen nahe eines Teiches lag, dem heilende Kräfte zugesprochen wurden. Kleines Problem bei der Sache: Man musste in den Teich springen. Und zwar nicht irgendwann, sondern just in dem Augenblick, wenn das Wasser Bewegung zeigte, denn nur dann konnte man gesund werden. Ziemlich schwierig für jemanden, der von oben bis unten bewegungsunfähig ist. Problem Nummer zwei: Er hatte niemand, der ihm bei dieser Sache behilflich sein konnte. Die anderen, ja, die hatten irgendwelche Verwandten oder Freunde, die ihnen im entscheidenden Moment hilfreich zur Seite standen, aber er gehörte nicht zu den Glücklichen. Opfer des Schicksals. Opfer der Umstände. Opfer der Ignoranz und fehlenden Barmherzigkeit seiner Mitmenschen.

Jesus sieht ihn und erkennt sofort, dass dieser Mensch schon lange krank ist. Und dann tut er etwas ganz Kluges (wen wundert's?). Er fragt diesen Kranken, was er denn von ihm, Jesus erwartet. Er will diesem Menschen, diesem Opfer von Schicksalsschlägen und Willkür helfen, dass er sich mit seinen Wünschen und Bedürfnissen auseinandersetzt und diese auch artikuliert. Raus aus der Passivität, aktiv werden. Aber diese Rechnung geht nicht auf. Der Kranke antwortet auf die ihm gestellte Frage überhaupt nicht. So sehr ist er (verständlicherweise) in dem Gefühl gefangen, dass ihm das Leben besonders übel mitgespielt hat und dass es für ihn keine Chance und Hoffnung mehr gibt. Er kann dies alles nur vor Jesus herausklagen. Und dann sagt Jesus zu ihm: »Steh auf!« Und dieser Mann ist tatsächlich gesund. Warum mich das begeistert? Weil Jesus diesen Mann versteht und an ihm handelt. Dieser Mann ist körperlich und psychisch so weit heruntergekommen, dass ein »ich will« nicht mehr über seine Lippen kommt, geschweige denn, dass er sein Leben noch aktiv in die Hand nehmen kann. Jesus startet einen Versuch, ihn aus dieser Passivität herauszuholen, fordert ihn heraus und merkt – es klappt nicht. Sagt er dann: »Pech für dich, wenn meine therapeutischen Methoden bei dir nicht anschlagen. Das war's dann wohl.«? Nein. Er übernimmt das, was dieser Mann nicht kann. Er wird aktiv und erteilt ihm souverän den Befehl aufzustehen, die Bahre zu nehmen und wegzugehen. Dann heißt es nur noch ganz lapidar und mit selbstverständlicher Beiläufigkeit: »Sofort wurde der Mann gesund.«

So oft erlebt: Jesus packt mich am Schlafittchen und zieht mich aus dem Sumpf meiner Bewegungslosigkeit und Unfähigkeit raus. Er sieht mein Unvermögen, über meine Grenzen zu springen, und handelt voller Erbarmen, Mitleid und Liebe. Herr der Welt. Grenzenlose Macht, die er zu Gunsten aller Gebeugten und Verzagten einsetzt. Ich verehre ihn!

Zartbitter ist's

Ich mag keine Schokolade der Marke »zartbitter«. Schokolade muss süß sein, richtig süß. Manchmal habe ich den Eindruck, dass so auch unsere Erwartungen an das Leben sind: So richtig süß und schmackhaft soll es sein. Kein Wunder, zumindest meine Generation und erst recht die Generation unserer Kinder ist in einem Treibhausklima von Wohlstand, Gesundheit und Wohlergehen groß geworden. Die reinsten Weicheier, um es mal deutlich zu sagen. Die Medien tun das ihre dazu, dieses irreale Bild vom Leben zu zeichnen. Heute Abend werden meine Jungs wieder vorm Fernseher festkleben, weil da der US-Serienhit für junge Leute O.C. California gesendet wird. Natürlich gibt es in diesem Film auch Probleme (vorwiegend bestehend aus Beziehungsstress, Folgen eines erhöhten Alkoholkonsums und Schlägereien), sonst wäre er ja langweilig, aber die Grundsubstanz des Lebens, so die Serie, besteht aus großen Häusern mit Pool, viel Freizeit, schicken Autos und Partys.

Nun, wir Erwachsenen und erst recht wir Christen sind nicht so naiv, diesen Schwindel zu glauben, aber oft habe ich den Eindruck, auch wir meinen, dass Leben müsse fair, möglichst schmerzfrei und voller Glücksmomente sein. Unter der Glasglocke des Treibhauses hat sich diese Fehleinstellung gebildet; mit der realen Welt draußen, wo mitunter ein ganz schön scharfer Wind bläst, hat das allerdings nichts zu tun. Unsere Eltern und Großeltern, die nicht das Vorrecht hatten, in solch einem Treibhaus aufzuwachsen, können davon ein Lied singen. Viel harte Arbeit, Krieg, Hunger, Flucht, der Tod eines oder mehrerer Kinder ... All das gehörte für sie ganz selbstverständlich zum Leben dazu. Ich wünsche mir diese Zustände wirklich in keinster Weise zurück, aber es ist wichtig, dass wir uns bewusst machen, dass das Leben nun mal streckenweise schwierig, anstrengend und nicht besonders verwöhnend ist. Und das gilt für uns Christen genauso wie für jeden anderen Menschen. Je eher wir das akzeptieren, desto besser. Wir stellen uns mit unseren erhöhten Erwartungen an das Leben selber ein Bein: der Fall von diesen rosaroten Wolken auf die harte Erde ist dann nämlich umso schmerzhafter. Das Dumme ist, dass Christen oftmals diese Lüge »das Leben muss schön sein« mit ihrem Glauben und vermeintlich geistlichen Argumenten zu belegen versuchen. Dann ist Jesus der, der uns vor allen Problemen bewahren muss, und der dafür zuständig ist, uns Krankheiten, finanzielle Engpässe und andere Widrigkeiten vom Leib zu halten. Wie oft habe ich schon erlebt, dass Christen ganz derbe abgestürzt sind, weil dieses System nicht funktionierte.

Wenn wir in der Bibel lesen, stellen wir fest, dass sie ein sehr ausgewogenes Bild vom Leben im Allgemeinen und von Menschen, die mit Gott leben, im Besonderen malt. Da erleben Menschen Krankheiten, Tod, Heilung, Krisen, sofortige Hilfe von Gott, Verzweiflung, Freude, Einsamkeit und Not. Die ganze Palette des Lebens eben. Bunt durcheinander gemischt, ohne erkennbare Schemata oder Systeme. Massives Eingreifen Gottes liegt dicht neben der Erfahrung, dass sein Eingreifen ausbleibt und Situationen sich sogar noch verschlimmern. Die Heilung eines Menschen dicht neben Schmerz und Tod. Die Erfahrung, dass Gott mit Reichtum segnet, neben der, dass Menschen mit dem Wenigsten auskommen müssen. Wehe dem, der versucht, hier irgendwelche geistlichen Rückschlüsse zu ziehen oder anfängt, fromme Gleichungen aufzustellen. Das geht garantiert in die Hose, weil Gott sich in kein Schema pressen lässt und unser ganzes Bemühen, das Leben ordentlich mit Etiketten zu versehen, absolut lächerlich ist. Ich freue mich riesig, wenn Gott in meinem Leben Wunder, Bewahrungen und Heilungen bewirkt. Wenn er es nicht tut – sei's drum. Manchmal begreife ich später, warum er das nicht getan hat und atme erleichtert auf, dass ich meinen Dickkopf nicht durchgesetzt habe. Oft verstehe ich aber überhaupt nichts. Wie gesagt: manche Antworten gibt's erst viel später. Und wenn ich dann lange genug gejammert und gemeckert habe, mit meinen Fäusten wie ein wütendes Kind gegen seine Brust getrommelt habe, stehe ich irgendwann auf, klopfe mir den Dreck von der Hose und sage: »Weißt du Jesus, mein Leben war und ist zeitweise ziemlich chaotisch. Aber eins habe ich gelernt: an dir halte, ja klammere ich mich fest. Egal was passiert. Irgendwo, ganz tief drinnen, vertraue ich dir und weiß, dass du mich nicht aus dem Blick verlierst. Ganz schöne Zumutung, das Ganze

Wenn wir in der Bibel lesen, stellen wir fest, dass sie ein sehr ausgewogenes Bild vom Leben im Allgemeinen und von Menschen, die mit Gott leben, im Besonderen malt.

jetzt. Aber gut zu wissen, dass du dabei bist. Wenn wir jetzt da durch gehen, werde ich mich ganz eng an dich schmiegen, vielleicht bekomme ich dann nicht ganz so viel ab.«

Wenn Sie Ihr »Das war's dann wohl« ablegen wollen, wenn Sie nicht mehr Opfer sein, sondern aktiv Ihr Leben mitgestalten wollen, wenn Jesus »Da machen wir was draus« zu Ihnen sagt, heißt das zunächst einmal, dass sie auch Ihr ganz persönliches Leben und sich selbst annehmen. Dazu gehört alles Zarte, Erfüllende und Schöne, aber auch all das Schmerzhafte und Bittere. Denn auch Ihr Leben ist nicht zuckersüß, sondern zartbitter. Und das ist normal.

Wenn ich nur ...

Lange Zeit habe ich mir andere Grundvoraussetzungen für mich selbst und mein Leben gewünscht. Heute mache ich das nicht mehr. Es ist gut so. Das liegt daran, dass ich langsam erkenne, wie Jesus aus dem, was ich vorübergehend nur als lose Fäden gesehen habe, ein wunderschönes Ganzes webt. Wenn ich dann doch wieder anfange zu vergleichen, und meine, diese oder jene hatte es viel besser als ich, sei viel begabter und könne manche Dinge im Reich Gottes viel geschickter umsetzen als ich, fällt mir meist die nachösterliche Begegnung zwischen Jesus und Petrus ein. Die beiden unterhalten sich über die zukünftigen Aufgaben von Petrus und über seine Berufung. Johannes schlendert hinter den beiden her, vielleicht in der Hoffnung, den Meister auch noch ein paar Minuten sprechen zu können. Petrus dreht sich um, sieht ihn und kann es sich nicht verkneifen zu fragen: »Und was wird mit dem da?« Jesus antwortet ihm, mit dem für ihn typischen trockenen Humor: »Wenn ich will, dass er bis zu meinem Kommen bleibt, was geht dich das an?« Mit anderen Worten: »Wenn ich etwas ganz Verrücktes und Ausgefallenes mit ihm vorhabe, was geht dich das an?« Und dann fügt er noch hinzu: »Du aber folge mir nach.« Wenn Sie nach anderen, nach deren Berufung, nach deren Begabungen oder einfach nach deren aus Ihrer Sicht so viel lebenswerterem Leben schielen, stehen Sie in der Gefahr, Ihren eigenen Auftrag und Ihre spezielle Berufung zu verpassen. Was mit anderen ist, ist nicht Ihre Sache, Sie sollen schlicht und ergreifend Jesus nachfolgen. Und zwar ganz genau so, wie Sie sind. Das ist das Einzige, worauf Jesus Sie einmal ansprechen wird, auf *Ihr* Leben.

Ja, Sie sind ein zerbrochener Mensch. Ich weiß nicht, warum Jesus zuließ, dass Ihr Lebenshaus ein so wackliges Fundament bekam. Ich weiß nicht, warum Jesus ausgerechnet Ihnen so manche Härte zumutet. Ich weiß nicht, warum Jesus ausgerechnet Ihnen nur so eine kleine Kraft, so eine geringe Belastbarkeit mitgegeben hat. Ich weiß nicht, warum er ausgerechnet Ihnen so ein schweres Paket zu tragen gibt und jemand anders scheinbar sorglos durchs Leben hüpft. Verbringen Sie nicht Ihr Leben damit, sich darüber unnütze Gedanken zu machen und mit Ihrem Schicksal zu hadern. Sie können es dadurch nicht ändern. Oder glauben Sie wirklich, Sie könnten durch Ihren Zorn und Ihre Bitterkeit die Vergangenheit rückgängig machen oder die Gegenwart und Zukunft verändern? Aber Sie können trotz Ihrer Zerbrochenheit Jesus lieben, können ihm trotzdem dienen. Und an mancher Stelle sicher erst wegen Ihrer Zerbrochenheit.

Es sind doch gerade die Menschen, die durch tiefes Leid und große Krisen gingen, die eine besonders tiefe Liebesbeziehung zu Jesus hatten und für andere ein riesiger Segen wurden. Denken Sie nur an Paul Gerhardt, denken sie an Martin Luther, Mutter Theresa, Corrie ten Boom oder Dietrich Bonhoeffer. Und denken Sie an Menschen in Ihrem näheren Umfeld, die schwere Zeiten durchgemacht haben, aber darüber nicht bitter geworden sind, sondern ein Ja zu diesem, von Gott für sie vorgesehenen Lebensweg gefunden haben.

Sie blieben nicht im Klagen und Jammern stecken, sondern ließen ihr Leben mit all der Härte, die darin steckte, fruchtbar werden für andere. Auch Ihr Leben kann solch ein Geschenk an andere werde.

Es wäre doch toll, wenn Jesus Sie beim Hochzeitsmahl in einem ruhigen Moment zur Seite nimmt, Sie glücklich anstrahlt und sagt: »Zwischendurch hatte ich ja mal ein bisschen Angst, dass du's nicht packst. Aber ich muss sagen: Donnerwetter, was du da draus gemacht hast. Einsame Spitze. Du warst ein toller Brief von mir. Ich bin richtig stolz auf dich. Ist nicht alles so toll gelaufen bei dir, hab ich gesehen, aber du hast dich nicht beirren lassen, bist drangeblieben. Ganz ehrlich, das hätte nicht jeder geschafft. Großes Kompliment! Komm, darauf müssen wir anstoßen.«

Ent-täuscht leben

Wenn Jesus anfängt, an und in Ihrem Leben zu arbeiten, kann das bedeuten, dass er Sie erst einmal gründlich ent-täuschen muss und mit Lügen in Ihrem Leben aufräumt. Eine Lüge – das Leben muss immer schön sein – habe ich im vorangegangenen Kapitel erwähnt. Daran schließt sich eine weitere Lüge an. »Ich kann nur glücklich sein, wenn alle Umstände perfekt sind. Bin ich krank oder habe irgendwelche psychischen Defekte, sind meine Lebensumstände, meine Kinder oder mein Partner schwierig, dann gilt eben nur ein ›Das war's dann wohl‹, dann hat sich das Glück aus meinem Leben verabschiedet.«

Mich beeindruckte sehr der Bericht aus einem Konzentrationslager, in dem Juden – so gut es ging – ein Orchester und einen Chor zusammenstellten und regelmäßig Konzertabende veranstalteten. Glück im Unglück. Das Beste aus schwierigen Situationen machen. Das Schöne sehen, auch wenn alles drum herum schwarz ist. In den Sonnenstrahl tauchen, auch wenn dunkle Wolken aufziehen. Den Augenblick wahrnehmen und genießen und die Vergangenheit und Zukunft getrost in Gottes Hände legen.

Ja, wir können auch in den Tiefen unseres Lebens glückliche Momente haben, wenn wir nur die Augen aufmachen. Den gedeckten Tisch im Angesicht des Feindes sehen. Das ist möglich. Auch mit Begrenzungen kann man glücklich sein.

Eine weitere Täuschung, der wir leider gerade als Christen oft aufsitzen, heißt: »Wenn ich jetzt diesen oder jenen Missstand in meinem Leben erkannt habe, die Hintergründe aufgearbeitet, um Heilung und Befreiung gebetet habe, dann werden mich diese Dinge nie mehr quälen oder belasten und ich werde ein gänzlich verändertes Leben führen.« Vielleicht bezeichnen Sie mich ja als Kleingläubige, wenn ich Ihnen sage, dass Sie da einer Täuschung, einer frommen Täuschung erlegen sind. Leider wird dieser Irrtum oft auch noch in entsprechender Verkündigung und Seelsorge bestärkt.

Bei Leuten, die solch frommen Mist verzapfen und damit einen ungeheuren Druck auf andere ausüben, würde ich am liebsten mal im Alltag Mäuschen spielen. Glauben Sie nicht, dass diese scheinbaren Superhelden im Glauben keine Fehler haben! Ja, ich glaube an die Macht und Größe Gottes, aber ich weiß auch um die Zähigkeit tief eingefleischter Verhaltens- und Denkmuster. Wir hätten ja am liebsten ein Gebet – und schwups sind wir nicht mehr eifersüchtig, haben keine Minderwertigkeitsgefühle mehr, können unserm ärgsten Feind liebevoll in die Augen blicken, haben keine unreinen Gedanken mehr und sind auch ansonsten ein Ausbund an Tugendhaftigkeit und Geistlichkeit.

Mal ehrlich, läuft das bei Ihnen so? Mir ist da immer der Auszug des Volkes Israel ein gutes Bild. Was für ein Gerangel, was für ein zähes Ringen auf dem Weg in die Freiheit. Zwei Schritte vor und einer zurück. Natürlich hatte Gott die Macht, den Pharao in einem Nu zu vernichten und das Volk binnen einer Nacht aus Ägypten zu befreien. Tat er aber nicht. Das Ganze artet in einen zähen Machtkampf aus, bei dem man – vorausgesetzt man würde diese Geschichte als völlig Unbedarfter lesen – zwischenzeitlich wirklich nicht weiß, wer als Sieger aus der Schlacht hervorgehen wird.

Auch in Ihrem Leben werden alte Verhaltens- und Denkmuster aber auch liebgewordene Gewohnheiten Sie nicht einfach ziehen lassen. Mit aller Macht werden sie versuchen, Sie wieder an Ihren angestammten Platz zurück zu pfeifen. Da ist harte Arbeit und eine Menge Disziplin gefordert. Gott kommt unserer Bequemlichkeit und Faulheit an der Stelle leider nur selten entgegen. Wenn Jesus ein »Da machen wir was draus« in Ihr Leben spricht, will er Ihre Mitarbeit, Ihren ganzen Einsatz und Fleiß. Und das ist manchmal ein hartes Stück Arbeit und bedeutet üben, üben und nochmals üben. Bei uns ist im Moment das Einradfieber ausgebrochen. In jeder freien Sekunde übt unsere jüngste Tochter. Sie hält sich an irgendeinem Zaun fest, stößt sich ab und fährt los. Am Anfang schaffte sie es nur einige Sekunden, auf dem Rad zu bleiben. Aber sie gab nicht auf. Immer wieder stieg sie auf und versuchte es erneut. Stundenlang. Allein oder gemeinsam mit ihren Freundinnen. Oft fiel sie auf die Nase und holte sich manche Schürfwunde. Aber sie gab nicht auf. Das Fahren wurde sicherer, die Strecken länger. Heute gurkt sie ganze Nachmittage durch unsere Siedlung. Sie hat es geschafft.

Aktiv werden

Wie können Sie üben? Indem Sie Täuschungen in Ihrem Leben erkennen, enttarnen und immer wieder die Wahrheit Gottes dagegen setzen. Das setzt voraus, dass Sie die Wahrheiten Gottes kennen und immer mehr verinnerlichen. Lesen Sie die Bibel was das Zeug hält. Tun Sie das nicht, weil Sie irgendeinem frommen Zwang gehorchen und immer brav Ihre »Stille Zeit« halten müssen. Tun Sie das um Ihrer selbst willen. Das Wort Gottes ist die einzig wirksame Waffe im Kampf gegen die Unwahrheiten, die uns im Laufe unseres Lebens eingeflüstert wurden. Bieten Sie diesen Unwahrheiten hartnäckig Paroli, werden diese sich irgendwann zähneknirschend verdünnisieren. Aber sie werden zäh sein. Der Pharao ließ sich dagegen wahrscheinlich leicht über den Tisch ziehen. Da müssen Sie schon ein bisschen Ausdauer an den Tag legen, um diese festzementierten Lügen an Zähigkeit zu übertrumpfen. Suchen Sie sich z. B. Bibelstellen heraus, die Ihnen die Liebe Gottes und seine Wertschätzung Ihnen gegenüber ausdrücken. Und sagen Sie sich diese vor, wenn Sie das nächste Mal in eine Situation geraten, die Ihnen das Gefühl gibt, minderwertig zu sein. Machen Sie sich nichts draus, wenn die Wirkung nicht länger anhält als ein paar Minuten. Länger ist meine Tochter am Anfang auch nicht auf ihrem Einrad geblieben. Lassen Sie sich nicht entmutigen. Steigen Sie wieder auf und üben weiter. Irgendwann fruchtet die Mühe. Ganz bestimmt.

Schauen Sie in Ihrem Leben nach, welchen Täuschungen und Lügen Sie erlegen sind. Lassen Sie es zu, dass Jesus hier und da einige Ent-täuschungen vornimmt. An manchen Stellen werden Sie vielleicht direkt Befreiung erleben und spüren, wie Gottes Wahrheiten wie ein frischer Wind durch Ihr Leben pusten. An anderen Stellen mag es ein zähes Ringen werden – aber in jedem Fall lohnt es sich!

Vor dem Thron der Gnade

Ich liebe es, wenn ich entrümpeln kann. Wir sind nun schon recht häufig umgezogen, und obwohl solch ein Umzug äußerst anstrengend ist, erfüllt mich die Tatsache, einmal unseren ganzen Hausstand zu durchforsten, Dinge auszusortieren und wegzuschmeißen, mit tiefer Befriedigung. Je größer der Berg für den Sperrmüll, je mehr Säcke für den Müll und für die Altkleidersammlung, desto leichter wird mir ums Herz. Mein Mann, der ein Musterexemplar der Gattung »Jäger und Sammler« ist, hasst dieses geschäftige Treiben und beobachtet mich äußerst argwöhnisch, wenn ich wieder mit meinem speziellen »Entrümpelungsblick« durchs Haus tigere. Schützend legt er seine Arme um jedes Teil, auf das sich mein begehrlicher Blick richtet, und verkündet wortreich, dass dieses Objekt ganz gewiss noch nicht ausgedient hat und irgendwann sicher noch einmal von großem Nutzen sein wird. Worin die Bestimmung einer kaputten Tastatur, einer alten Wickelkommode und eines zerstochenen Fahrradreifens liegt, weiß ich zwar nicht, aber ich beschreite den zähen Weg der Verhandlungen, und es beginnt ein zermürbendes Feilschen um jedes noch so kleine Teil. Darauf ließ ich mich früher nicht ein. Da schritt ich einfach frisch zur Tat. Befand er sich in einem ausgedehnten seelsorgerlichen Gespräch, nutzte ich flugs die Gunst der Stunde und räumte mal so richtig auf. Noch bevor er sein segensreiches Abschlussgebet gesprochen hatte, waren alle Spuren meines regen Treibens verwischt und ich empfing ihn fröhlich und erfüllt, wusste ich doch, dass ich in den letzten Stunden mal so richtig etwas weggeschafft hatte.

Der alte Hochzeitsanzug

Einmal hatte ich es auf den Kleiderschrank meines Mannes abgesehen. Der war mir schon lange ein Dorn im Auge. Da hingen Hemden und stapelten sich Pullover, die – meiner Erinnerung nach – schon lange vor unserer Eheschließung an ihm zu sehen gewesen waren. Nicht, dass er diese hochmodischen Teile noch anzog, aber sie könnten ja irgendwann noch einmal gebraucht werden, und sei es für einen Sketch! Ich beschloss, dass nun der Zeitpunkt gekommen war, diese seltenen Exemplare der

Altkleidersammlung zuzuführen, und wartete listig auf einen günstigen Augenblick. Der kam auch bald, in Form eines Pastorentreffens, von dem mein Mann erfahrungsgemäß nicht so schnell wiederkehrte. In diesem erlauchten Kreis sollte heute die Frage von Scheidung und Wiederheirat diskutiert werden ... das konnte dauern. Fröhlich schob ich ihn zur Tür hinaus, was ihn einigermaßen verwunderte und etwas misstrauisch werden ließ. Ich ließ mich nicht beirren, schloss zügig die Tür hinter ihm und stürzte mich mit einem freudigen Aufschrei auf den Schrank. Ich wühlte, raffte, sortierte und rangierte aus, dass es eine Lust war, und staunte nicht schlecht, was für antiquierte Schätzchen ich da zu Tage förderte. Sein alter Hochzeitsanzug, nie wieder getragen und garantiert zu klein geworden (in unserem Alter wächst man zwar nicht mehr in die Höhe, aber dafür umso mehr in die Breite), was hatte der hier noch zu suchen? Sollte sich doch lieber ein etwas weniger wohlhabender Mensch daran erfreuen, anstatt dass er hier im Dämmerlicht eines Kleiderschrankes sein freudloses Dasein fristen musste. Als ich mit meiner Aktion fertig war, räumte ich den kümmerlichen Rest so unauffällig wie möglich wieder ein, raffte meine Bündel und machte mich zügig auf den Weg zum Container. Mein Mann merkte tatsächlich nichts von meinem arbeitsreichen Vormittag, was mich in meiner Theorie bestärkte, dass er in seinem Sammlerwahn überhaupt keinen Überblick mehr hat und gar nicht merkt, wenn Dinge fehlen.

Die Woche verstrich und der Sonntag nahte. Mein mir Angetrauter kam recht spärlich bekleidet unter der Dusche hervor, eilte zu seinem Schrank und suchte seine vertraute Sonntagskleidung heraus. In der typischen Sonntagmorgenhektik eines Pastors kam er kurz darauf in die Küche gefegt und fragte: »Wo ist denn mein neues blaues Sakko, das ich letzte Woche gekauft habe?« »Woher soll ich das wissen, bin ich denn hier die Suchmaschine für die ganze Familie?«, fauchte ich ihn an. Dieser Sonntagmorgenstress nervte mich schon lange und insbesondere die Tatsache, dass jeder auf die letzte Sekunde etwas sucht und meint, ich sei für die Wiederbeschaffung des jeweiligen Teils zuständig. Ich hatte den Satz gerade ausgesprochen, da befiel mich eine fürchterliche, schreckliche, grausame Ahnung. Ich schoss Stoßgebete wie Torpedos gen Himmel: »Bitte, bitte, bitte, lass das, was ich jetzt glaube, nicht wahr sein.« »Ich schau mal nach«, sagte ich in gänzlich verändertem Tonfall und schenkte meinem Mann mein reizendstes Lächeln, was der etwas irritiert wahrnahm, konnte er doch den plötzlichen Stimmungswandel nicht nachvollziehen. Nur jetzt die Ruhe bewahren, sagte ich mir. »Gieß dir doch schon mal einen Kaffee ein, ich schau derweil mal nach«, säuselte ich und entfernte mich, mit dem Rücken zur Wand, hurtig Richtung Kleiderschrank. »So, Herr«, flehte ich, »fünf Minuten für ein Wunder, das hat dir doch sicher gereicht, um dieses dämliche, aber leider recht teure Sakko wieder auftauchen zu lassen.« Beherzt öffnete ich die Schranktür und begann die Suche. Nichts. Gar nichts. Verschwunden. Weg. In Luft aufgelöst. Nein, leider nicht, sondern im Altkleidercontainer versenkt. Mist. Kein klitzekleines Wunder heute, Herr? Nein, heute kein Wunder. Aber sicher ist doch die Entrückung für heute angesagt? Auch nicht? Schade aber auch. Das Gefühl, welches mich befiel, als ich so in den gänzlich sakkofreien Kleiderschrank stierte, werde ich nie vergessen. Aber Sie kennen es vielleicht auch. Man weiß, man hat riesengroßen Bockmist verzapft, hat ein total schlechtes Gewissen und weiß nicht, wie man aus dieser Situation jemals heil herauskommen soll.

Aber Sie kennen es vielleicht auch. Man weiß, man hat riesengroßen Bockmist verzapft, hat ein total schlechtes Gewissen und weiß nicht, wie man aus dieser Situation jemals heil herauskommen soll.

Mein erster, unchristlicher Gedanke war: ich weiß von nichts. Keine Ahnung. Vielleicht hat er ja die Einkaufstüte im Geschäft stehen lassen. Ist alles schon vorgekommen. Passiert halt. Pech.

Damit würde ich bei meinem Mann glatt durchkommen. Aber bei Jesus? Den kannte ich inzwischen so gut, dass ich wusste, er würde mich früher oder später am Schlafittchen packen und mich zur Rede stellen. Blieb also nur der Gang nach Canossa. Ich ging, nein, ich schlich in gebückter Haltung zurück in die Küche und trat mit gesenktem Blick meinem Gatten unter die Augen. Ich war in meinem Entrümpelungswahn diesmal wohl eine klitzekleine Spur zu weit gegangen und hatte versehentlich sein neues Sakko, das große Ähnlichkeit mit der Jacke seines Hochzeitsanzuges gehabt hatte mit in die Tüte gepackt, bekannte ich mit kleinlauter Stimme. Dass ich da etwas zu weit gegangen war, fand mein Mann auch und verließ, nicht ohne mir vorher noch einen alles vernichtenden Blick zugeworfen zu haben, die Küche.

Ich weiß nicht mehr, wie ich diesen Sonntag überstand, ich weiß nur, dass ich am Montagmorgen sofort beim Roten Kreuz anrief und den betreffenden Herrn anflehte, mir doch den besagten Container aufzuschließen. Ich muss wohl ziemlich verzweifelt geklungen haben, jedenfalls versprach er, sofort herbeizueilen und mir aus der Patsche zu helfen. Nun stand ich wie eine Flüchtlingsfrau zwischen den aufgeplatzten Tüten und dreckigen Kleidungsstücken und suchte verzweifelt nach dem Corpus delicti. Der nette Herr fragte mich besorgt, wonach genau ich denn suchen würde. Ich erzählte ihm, dass ich das nagelneue Jackett meines Mannes entsorgt hätte und dass er verständlicher Weise darüber sehr erbost sei. Ich könnte schwören, dass daraufhin ein wissendes Grinsen über die Dummheit der Frauen im Allgemeinen und meine im Besonderen über sein Gesicht glitt. Aber als er merkte, wie verzweifelt ich war, brachte er seine Gesichtszüge schnell wieder unter Kontrolle. Dann tat er das Seinige zur Rettung deutscher Ehen, krempelte die Ärmel hoch und half mir beim Suchen. Als alle Säcke durchwühlt und die Kleidung in einem bunten Durcheinander auf dem Bürgersteig verteilt war, kamen wir zu der traurigen Erkenntnis, dass der Container wohl kurz nach dem Versenken meiner Plastikbeutel bereits geleert worden war und besagte Jacke sich schon auf dem Weg in irgendeinen entlegenen Winkel dieser Welt befand. Der Rote-Kreuz-Mensch packte die ganzen Kleider und Beutel in seinen Kleinlaster und fuhr, nachdem er mir noch einen mitleidigen Blick zugeworfen hatte, von dannen.

Ich schlurfte nach Hause und leitete eine größere Versöhnungskampagne mit allem Drum und Dran ein. Mein Mann wäre kein Mann, wenn er nicht diesem Angriff geballter Weiblichkeit erlegen wäre und schließlich einlenkte. Außerdem ist er absolut nicht nachtragend und wesentlich schneller als ich – wie ich zu meiner Schande gestehen muss – bereit zu vergeben. Nur sein Kleiderschrank ist seitdem in seiner Abwesenheit für mich ein absolutes Tabu.

Schuldig im Sinne der Anklage

Warum ich Ihnen das erzähle? Zum einen, weil ich die Geschichte im Nachhinein(!) sagenhaft lustig finde. Zum anderen, um damit etwas deutlich zu machen zum Thema »Gnade« und »Vergebung«. Sehen Sie, viele von uns laufen mit dem Gefühl »das war's dann wohl« herum, weil sie mit begangener Schuld in ihrem Leben nicht fertig werden. Über »falsche« Schuld- und Schamgefühle, die aufgrund von Defekten in unserer Ursprungsfamilie in uns Wurzeln schlagen konnten, habe ich ja bereits etwas gesagt.

Hier aber geht es um reale Schuld. Dabei weiß ich aus meinem Leben sehr wohl, dass es weitaus schlimmere Vergehen gibt, als neue Jacken in der Altkleidersammlung verschwinden zu lassen. Oft sind es Dinge, die ganz im Verborgenen geschehen, die nur wir sehen, aber die uns deswegen nicht weniger quälen. Je sensibler Sie sind, umso mehr macht diese Schuld Ihnen wahrscheinlich zu schaffen. Ich kenne jede Menge Dickhäuter, die nach dem Motto »Passiert ist passiert« leben. Und damit leben sie eigentlich ganz gut. Diese Leute brauchen mitunter immer wieder aufrüttelnde Predigten zum Thema Buße, Reue und Umkehr.

Die Sensibelchen unter uns fallen aber ins andere Extrem und können begangene Schuld nicht loslassen und sich selbst nicht vergeben. Das Gefühl, das mich überfiel, als mir klar wurde, dass ich eine funkelnagelneue Jacke meines Mannes entsorgt hatte, ist bei ihnen zu einem Dauergefühl geworden, woran eine einseitige Verkündigung, die immer nur die Schlechtigkeit und Sündhaftigkeit der Menschen im Blick hat, nicht ganz schuldlos ist. Und das ist auf die Dauer äußerst zerstörerisch. Daran ändern auch unsere herkömmlichen, vermeintlichen Lösungswege nichts. Das Abstreiten und Verleugnen des eigenen Versagens, wie ich es zunächst einmal in Erwägung gezogen hatte, hilft uns vielleicht an der Oberfläche, aber ganz tief drinnen wissen wir ja um unsere Schuld und können uns selbst nicht mehr in die Augen sehen. Oder wir versuchen in hektischer Betriebsamkeit alles wieder in Ordnung zu bringen. In meinem Beispiel war das durchaus richtig, wenn auch erfolglos. Aber wenn wir in unserem sonstigen Leben unsere Schuld versuchen wieder gut zu machen, indem wir uns wahnsinnig anstrengen, uns möglichst richtig zu verhalten, werden wir gesetzlich und sind aus der Gnade herausgefallen, wie Paulus das im Galaterbrief so trefflich formuliert. Ich ahne und begreife immer mehr, dass ein Erfassen der Gnade Gottes ein Schlüssel für unsere innere Heilung ist und dass der Thron der Gnade ein Ort ist, wo unser Inneres zur Ruhe kommen kann und unser zerstörtes Selbst wieder aufgerichtet wird. Viele von uns haben bei ihrer Bekehrung die Gnade Gottes erlebt und gespürt. Das Bewusstsein der eigenen Verlorenheit und Sündhaftigkeit hat das Geschenk, nicht zum Tod verurteilt zu werden, sondern Leben geschenkt zu bekommen, hell aufleuchten lassen.

Ich ahne und begreife immer mehr, dass ein Erfassen der Gnade Gottes ein Schlüssel für unsere innere Heilung ist.

Aber dann sind sie wieder in einen Lebensstil der Ungnade, mit Selbstvorwürfen und Selbstanklage, mit Schuldgefühlen und Scham zurückgefallen. Sie versuchen wieder, durch Leistung und Anstrengung Gott gnädig zu stimmen. Und wurden dabei erschöpft, ausgebrannt und verbittert. Aber es geht darum, den Lebensstil eines Begnadigten anzunehmen und einzuüben. Es geht darum, dieses Land der Gnade jeden Tag neu einzunehmen. Das ist der einzige Weg, um die Stimmen in uns, die uns anklagen und angreifen, nach und nach zum Schweigen zu bringen. In Psalm 90, 14 heißt es: *»Fülle uns frühe mit deiner Gnade, so wollen wir rühmen und fröhlich sein unser Leben lang.«* Sich jeden Morgen neu füllen lassen. Jeden Morgen neu zum Thron der Gnade gehen und den Krug auffüllen. Randvoll. Und dann in den Tag hineingehen und immer wieder daraus trinken.

Aktiv werden

Vielleicht ist Ihr Krug voller Sprünge und Risse und verliert das Wasser schnell wieder. Bei mir ist das so. So Leute wie wir müssen öfter zum Thron der Gnade gehen – und sind dort jederzeit willkommen! Wenn ich zum Thron der Gnade komme, füllt Jesus mich mit seinen Wahrheiten. Er sagt mir, dass er mich liebt und zwar so, wie ich bin. Mit meinen ganzen Rissen und Sprüngen. Seine Liebe zu mir wird durch nichts kleiner und durch nichts größer: kein Fehlverhalten, keine Schuld und kein besonders gutes Verhalten verändert seine Liebe zu mir. Der Tag kann gut laufen, voller geistlicher Siege sein oder er kann voller Niederlagen und Versagen sein – seine Liebe zu mir ist am Abend unverändert. Und wenn ich morgen früh zum Thron der Gnade komme, wird Jesus wieder auf mich warten. Er sagt mir, dass Gnade mein Leben trägt und nicht Anklage und Vorwürfe. Wenn ich voller Schuld bin und mich gar nicht so recht zu ihm traue, kommt er mir entgegen, hebt mein Gesicht sanft zu sich empor, schaut mir in die Augen und sagt: »Es ist alles gut. Ich habe alles für dich in Ordnung gebracht.« Dann lächelt er mich an und ich weiß: es ist wirklich alles wieder gut. Und wenn ich ganz verzweifelt bin, weil ich manche Dinge scheinbar gar nicht schaffe, zieht er mich auf seinen Schoß, wiegt mich sanft und flüstert mir ins Ohr, dass doch Gnade mein Leben trägt. Er ruft Gnade über meinem Leben aus und weil er das tut, darf auch ich gnädig mit mir umgehen.

Richten Sie Ihren Blick nicht auf Ihre Schuld, das macht Sie unfrei, unglücklich und krank. Richten Sie Ihren Blick auf die Gnade. Nehmen Sie dieses riesengroße Geschenk einfach an.

Schön, dass du da bist!

Gerade war ich mal wieder im Garten. Es ist herrliches Sommerwetter, der Himmel ist wolkenlos, ein laues Lüftchen weht und die Vögel zwitschern vergnügt in den Zweigen unseres kleinen Vorgartenbaums. Ein perfekter Tag. Ich hacke, jäte und wühle mit wachsender Begeisterung in diesem kleinen Fleckchen Erde, das mir gehört. Dank meiner abendlichen Bewässerung lässt sich der Boden jetzt leicht auflockern und alles grünt und blüht trotz der Hitze, die sich in den letzten Wochen über das Land gelegt hat. So auch mein heiß geliebter Löwenzahn. Auch der hat sich über das köstliche Nass gefreut und nimmt sichtbar neuen Anlauf, mein Gärtnerherz zu erfreuen. Halbherzig entreiße ich ihm ein paar Blättchen, wobei ich weiß, dass er sich davon sowieso nicht beeindrucken lässt. Als ich mein müdes Kreuz für einen Moment strecken will, fällt mein Blick auf die leuchtend orangen Blüten der Ringelblumen und schweift weiter zu dem Rosenstrauch, der in diesem Jahr voller Knospen und hellroter Blüten ist. Ich blicke zum Haus, auf dessen Fensterbänken Terrakottakästen mit leuchtend bunten

Blumen bepflanzt sind, die sich prächtig entwickeln. Klasse sieht das Ganze aus – zumal ich es doch tatsächlich heute geschafft habe, die Fenster zu putzen, welche jetzt fröhlich in der Sonne blinken. Heimelig und einladend. »Weißt du was?«, sage ich zu dem Löwenzahn, der geduckt auf meinen vernichtenden Schlag wartet, »du kannst mich mal ... !« Mit diesen gehaltvollen Worten wende ich mich von ihm ab. Und wie immer, wenn ich im Garten bin, muss ich an mein Leben denken. Da ist so viel Schönheit, so viel Reichtum, so viel, was leuchtend blüht und grünt – sollte ich mich da von dem Unkraut, das immer wieder fröhlich sprießt, tatsächlich um meine Gelassenheit bringen lassen? Wegen Dingen, die schief gegangen sind, mich und mein Leben aufgeben, obwohl es tausend andere Sachen gibt, die wertvoll und gelungen sind? Sollte ich tatsächlich bei meinem »das war's dann wohl« bleiben, wenn Jesus mir »da machen wir was draus« anbietet? »Das war's dann wohl« zeigt die ganze Dunkelheit und Resignation meiner früheren Lebenseinstellung. »Da machen wir was draus« zeigt dagegen den Mut, die Hoffnung und die Perspektive, die Jesus mir geschenkt hat, und jeden Tag neu schenkt. Ihm überlasse ich mit Freude mein Leben, damit er sein Meisterstück daraus machen kann.

»Weißt du was?«, sage ich zu dem Löwenzahn, der geduckt auf meinen vernichtenden Schlag wartet, »du kannst mich mal ... !«

Mein Blick fällt auf ein rot lackiertes Holzschild, auf dem steht: »Schön, dass du da bist!« Eigentlich habe ich es für den Briefträger und alle anderen Menschen gemacht, die bei uns ein und aus gehen. Ich dachte, eine kleine Ermunterung kann dem Postboten bei seinem Job sicher nicht schaden. Aber noch viel öfter ist es eine herzerwärmende Freundlichkeit, die Jesus mir jedes Mal, wenn ich unser Haus betrete, zusagt. So auch jetzt. »Schön, dass du da bist. So wie du bist. Mit deinem ganzen Unkraut, aber auch mit allem Blühenden und Duftenden. Wenn du mich in deinem Garten arbeiten lässt, wird letzteres überwiegen. Vielleicht schaffen wir es ja gemeinsam, dem einen oder anderen Unkraut gänzlich den Garaus zu machen. Aber verzage nicht, wenn manches Kräutlein immer wieder sein Haupt erhebt. Ich werde nicht zulassen, dass es den ganzen Garten überwuchert und das Leben vernichtet. Du sollst leben!«

In diesem Sinne auch Ihnen ein:

»Schön, dass du da bist!«

Tamara Hinz

Leibschmerzen

Gemeindefrust überwinden

200 Seiten, Paperback, Best.-Nr. 224.986

Wer engagiert in seiner Gemeinde mitarbeitet, weiß: Vieles ist nicht nur eitel Sonnenschein in Gottes Familie, vieles ist auch schierer Frust. Empfindlichkeiten, unschöne Konflikte, Missverständnisse, tiefe Verletzungen. Möglicherweise beschwert sich auch noch der Ehepartner, weil man sich neben der beruflichen oder häuslichen Arbeit ehrenamtlich aufreibt.

Die Gemeinde Gottes ist kein idyllischer Ort, an dem man die Schmerzen und Sorgen der „Welt“ hinter sich lässt. Auch hierhin bringen Menschen ihre Probleme mit. Sachzwänge und Streit sorgen dafür, dass die geistliche Wirklichkeit des Leibes Christi aus dem Blick gerät.

Tamara Hinz liefert eine hellsichtige Innen-Analyse von Gemeinde heute und zeigt dabei Wege auf, wie man mit den „Leibschmerzen“ produktiv umgehen kann, um gemeinsam zu wachsen.

scm R.Brockhaus